中华文化与汉语教学研究文库

现代汉语空间位置关系虚拟运动研究

姚京晶 ◎ 著

首都经济贸易大学出版社
Capital University of Economics and Business Press

·北 京·

图书在版编目(CIP)数据

现代汉语空间位置关系虚拟运动研究 / 姚京晶著 . — 北京:首都经济贸易大学出版社,2019.9

ISBN 978 - 7 - 5638 - 2877 - 7

Ⅰ. ①现… Ⅱ. ①姚… Ⅲ. ①汉语—句法分析
Ⅳ. ①H146.3

中国版本图书馆 CIP 数据核字(2018)第 238096 号

现代汉语空间位置关系虚拟运动研究
姚京晶　著

责任编辑	王　猛
封面设计	砚祥志远·激光照排　TEL: 010-65976003
出版发行	首都经济贸易大学出版社
地　　址	北京市朝阳区红庙 (邮编 100026)
电　　话	(010)65976483　65065761　65071505(传真)
网　　址	http://www.sjmcb.com
E - mail	publish@cueb.edu.cn
经　　销	全国新华书店
照　　排	北京砚祥志远激光照排技术有限公司
印　　刷	北京九州迅驰传媒文化有限公司
开　　本	710 毫米×1000 毫米　1/16
字　　数	136 千字
印　　张	7.75
版　　次	2019 年 9 月第 1 版　2019 年 9 月第 1 次印刷
书　　号	ISBN 978 - 7 - 5638 - 2877 - 7/H·201
定　　价	35.00 元

目　录

1 绪论 ·· 1

　1.1 本书题旨 ·· 1

　1.2 选题缘起 ·· 1

　1.3 研究方法与语料来源 ····························· 2

　1.4 本书的基本框架 ································· 3

2 相关问题研究综述 ··································· 4

　2.1 汉语空间位置关系的真实性研究 ················ 4

　2.2 各语言空间位置关系的虚拟运动研究 ············ 8

　2.3 马特洛克的虚拟运动表达的实验研究 ··········· 18

　2.4 相关研究成果小结 ······························· 22

3 虚拟运动理论介绍 ··································· 23

　3.1 总体虚拟模式研究 ······························· 23

　3.2 语言中的虚拟运动现象 ··························· 24

　3.3 源点类虚拟运动研究 ····························· 24

　3.4 其他类型的虚拟运动现象 ························ 30

　3.5 源点类虚拟运动相关原则及其解释 ·············· 32

　3.6 本章小结 ·· 33

4　汉语延展类虚拟运动句研究 ········· 34

4.1　汉语延展类虚拟运动句的界定标准 ········· 35

4.2　汉语延展类虚拟运动句的句法框架 ········· 36

4.3　汉语延展类虚拟运动句涉及空间静止位置关系的基本类型 ······ 43

4.4　汉语延展类虚拟运动句中虚拟运动的生成原因和机制 ·········· 45

4.5　本章小结 ········· 49

5　汉语姿势类虚拟运动句研究 ········· 50

5.1　汉语姿势类虚拟运动句的界定标准及其基本类型 ········· 51

5.2　汉语姿势类虚拟运动句的句法框架 ········· 56

5.3　汉语姿势类虚拟运动句涉及空间静止位置关系的基本类型 ······ 60

5.4　汉语姿势类虚拟运动句中虚拟运动的生成原因和机制 ·········· 62

5.5　本章小结 ········· 64

6　汉语历时类虚拟运动句研究 ········· 65

6.1　汉语历时类虚拟运动句的界定标准及其基本类型 ·············· 66

6.2　汉语历时类虚拟运动句的句法框架 ········· 68

6.3　汉语历时类虚拟运动句中虚拟运动的生成原因和机制 ·········· 79

6.4　本章小结 ········· 83

7　关于汉语虚拟运动现象的几点思考 ········· 85

7.1　虚拟现象的研究价值 ········· 85

7.2　汉语虚拟空间静止位置关系句与事件句、存在句的关联 ········ 88

7.3 汉语中值得进一步探讨的虚拟运动现象 ………………… 91

8 结语 ……………………………………………………… 94

8.1 本书的研究结论及研究意义 …………………………… 94

8.2 本书的不足及今后研究的方向 ………………………… 98

附录 ………………………………………………………… 100

参考文献 …………………………………………………… 109

前　言

　　本书在对泰尔米（Talmy）的虚拟运动理论进行译介的基础上，首次依托该理论较为系统地对汉语中与空间静止位置关系表达相关的虚拟运动现象进行了考察。考察结果表明，同英语相同，汉语中也存在着大量同空间位置关系表达相关的虚拟运动现象。较为常见的虚拟运动现象包括延展类虚拟运动句、姿势类虚拟运动句、历时类虚拟运动句等。

　　在对上述三类虚拟运动现象进行研究时，我们在提出符合汉语实际的虚拟运动判定标准的基础上，对相应句式的句法框架进行了较为细致的静态描写，并对相应虚拟运动句中虚拟运动的生成原因和机制进行了剖析。我们认为，三类虚拟运动现象在句法功能、句法框架、虚拟运动的生成机制上同中有异。

　　首先，在句法功能方面，汉语延展类虚拟运动句用于凸显空间中某线性客体的整体构型特征，而其他两类虚拟运动句的功能则在于描写空间中两静止客体之间的位置关系。

　　其次，在句法框架方面，进入三类句式的 NP 均应具有"－生命""－移动"的语义特征，且充当延展类虚拟运动句中虚拟运动主体的 NP1 还应具有"＋狭长"的构型特征或占据较为广阔的地理空间。三类虚拟运动句中 VP 的语义特征也各有不同。延展类虚拟运动句中的 VP 应具有"＋位移""＋方式""＋无界"的语义特征；姿势类虚拟运动句中的 VP 应具有"＋拟态"

"－位移"的语义特征以及"＋无界""＋强持续性"的时体特征。历时类虚拟运动句可分为历时位移类虚拟运动句和历时隐现类虚拟运动句两类。两类虚拟运动句中的核心动词分别具有"＋位移""＋有界"的语义特征以及"＋隐现""－及物""＋有界"的语义特征。

再次，我们认为，虚拟运动句对于虚拟运动的生成能力是句中各组成部分所具有的语义特征相互组合、相互作用的结果；而生成虚拟运动的深层机制则在于人类真实的运动经验向认知、语言层面进行了投射。

最后，我们还从认知高度提炼了语言中虚拟现象的理论研究价值，并对汉语虚拟空间静止位置关系句与事件句、存在句的关联进行了探讨，发现了上述三句式之间的运动性表达连续统。

1 绪 论

1.1 本书题旨

本书以"现代汉语空间位置关系虚拟运动研究"为题，集中研究现代汉语中与空间位置关系表达相关的虚拟运动现象。

泰尔米（Talmy，2000）对英语中的虚拟现象，特别是虚拟运动现象在认知中的表现进行了探讨。他将英语中针对同一客体的、真实程度不等的、内部存在矛盾的认知表现形式称为"总体虚拟模式"（the general fictive pattern），并依托此模式提出了虚拟运动（fictive motion）的概念。依据泰尔米（2000）对英语虚拟运动句所做的分类，我们发现，现代汉语中与空间位置相关的虚拟运动表达主要涉及延展、姿势、历时、源点、相对、方式等六类虚拟运动句。

本书将在对虚拟运动理论进行译述的基础上，重点对现代汉语延展类、姿势类、历时类虚拟运动现象的分类、句法框架及虚拟运动生成机制等进行考察。同时，我们也将就虚拟运动句在空间位置关系表达系统中的地位和作用进行探讨，挖掘虚拟运动句与存现句、事件句的关联。

1.2 选题缘起

本书将集中对汉语表达空间位置关系的虚拟运动现象进行研究，原因主要有以下三点：

第一，空间方所表现为汉语最为基本的表达范畴之一，与之相关的研究在汉语语法研究中占有重要地位。我们认为，鉴于人类的认知倾向，空间方位表达涉及真实、虚拟两个层面。然而，我们可以看到，以往的研究多关注真实层面的空间方位表达，如介词短语、趋向补语、存现句等。从虚拟角度考察空间位置关系的研究还十分稀少。我们试图通过系统考察，凸显虚拟表达的重要地位，为汉语空间位置关系研究提供一个全新的角度，进而使汉语现有的空间方位框架更为完善。

第二，通过观察我们发现，汉语在建构空间位置关系时，虚拟运动表达较为丰富。相关虚拟运动现象涉及延展、姿势、历时、源点、相对、方式等多个类别。以此为题进行研究，便于搜集语料，生成较为系统、完整的研究成果。同时，通过对不同类别的虚拟运动现象进行宏观考察，也有助于进一步挖掘虚拟运动认知机制中存在的共性。

第三，截至目前，语法学界对于汉语虚拟现象的研究还很不充分，本书的研究可以在一定程度上弥补相关研究的空白。真实与虚拟作为一组基本的对立范畴，普遍存在于人类认知和语言表达的各个层面。虚拟表达出现频繁、分布广泛，同真实表达相同，在语言系统中具有重要地位。然而我们看到，根据目前的研究成果，人们对于人类语言和认知中虚拟现象的研究还很不充分。除泰尔米（2000）外，尚未出现针对语言中虚拟运动现象所做的系统研究，汉语虚拟现象的研究成果更是凤毛麟角。同时，目前已有的研究多集中在与真实静止状态同现的虚拟运动现象上，此种类型的虚拟运动在数量上远远超过了虚拟静止。如同泰尔米（2000）指出的那样，此种不对称体现了人类认知上的物力论偏向。而这也是我们选取虚拟运动现象加以研究的出发点之一。由此可见，选择汉语中的虚拟现象进行系统研究有助于填补研究空白，具有一定的理论意义。

第四，根据我们的考察，目前国外同虚拟运动相关的研究多集中于空间方位表达领域。已有的跨语言对比研究、心理学实验研究也多围绕延展类虚拟运动现象展开，其他层面虚拟运动现象的研究尚不成熟。选择汉语中同空间位置关系相关的虚拟运动现象进行考察，有助于开展跨语言对比研究，发现各语言在虚拟运动表达上的共性和差异，具有重要的类型学价值。

1.3 研究方法与语料来源

1.3.1 本书的研究方法

本书根据汉语虚拟运动现象的界定标准，集中搜集汉语中建构空间位置关系类虚拟运动现象的例句，坚持形式和意义相结合的原则，观察例句各组成要素的句法语义特征，进而概括出汉语虚拟运动表达的句法框架。同时，力图从对语言事实的分析出发，探索生成虚拟运动的原因和机制。写作过程坚持描写与分析、概括与解释相结合，坚持用认知语言学的研究方法分析语料，力图发现语料所体现的虚拟运动现象，找出虚拟运动机制。

1.3.2 本书的语料来源

本书的语料来源有四个：《现代汉语词典》（2005 年第五版）、北京大学汉语语言学研究中心（CCL）语料库、文本检索以及少量符合母语者语感的自编句。本书采用人工检索《现代汉语词典》的办法，找出汉语中可构成虚拟运动的例词，并摘录《现代汉语词典》中包含以上例词的虚拟运动句。若词典中未对该例词列出例句或所列例句未能建构虚拟运动现象，则通过北京大学 CCL 语料库检索系统，检索该例词建构虚拟运动的用例。例如：对"拥抱"一词，《现代汉语词典》未列出相应例句，通过检索北京大学 CCL 语料库，我们得到虚拟运动句"远远地一座塔耸立在山坡上，许多绿树拥抱着它"。又如：对"簇拥"一词，《现代汉语词典》列出的例句"孩子们簇拥着老师走进教室"未能体现该词的虚拟运动用法，我们通过检索北京大学 CCL 语料库得到例句"绿树红花簇拥着百米长的香炉礁街，伞亭娴娜，回廊舒展"。同时，根据本书论题的特点，我们还尝试通过检索旅游杂志收集例句。共检索 2005 年至 2009 年出版的《世界博览》杂志20余期。在例句的标注上，我们只注明语料来源，不进一步标注作者和具体文章名。

1.4 本书的基本框架

本书内容共有八章。第 1 章为绪论，重点对文章题旨及选题缘起加以说明。在第 2 章中，我们依次对从认知角度开展的汉语空间问题研究与虚拟运动研究进行综述。在第 3 章中，我们集中对泰尔米的虚拟运动理论进行了译述。从第 4 章开始，我们重点讨论以下几个问题：

（1）汉语延展类虚拟运动现象的界定标准、句法框架、涉及空间类型，以及虚拟运动的生成原因、机制。

（2）汉语姿势类虚拟运动现象的界定标准、内部分类、句法框架、涉及空间类型，以及虚拟运动生成的原因、机制。

（3）汉语历时类虚拟运动现象的界定标准、内部分类、句法框架、涉及空间类型，以及虚拟运动生成的原因、机制。

（4）汉语虚拟空间静止位置关系句与事件句、存在句的关联。

（5）汉语中其他与空间位置关系表达相关的虚拟运动现象。

2 相关问题研究综述

与本书相关的研究主要涉及三大领域：汉语空间位置关系的真实性研究、各语言空间位置关系的虚拟运动研究以及虚拟运动表达的实验研究。下面分别对以往研究成果进行综述。

2.1 汉语空间位置关系的真实性研究

关于汉语空间方位表达系统，前辈学者已从虚拟运动以外的其他角度进行了大量研究，在此我们主要关注学者们从认知角度开展的研究。

2.1.1 齐沪扬对汉语空间系统的研究

齐沪扬（1998）系统地对汉语的空间系统进行了阐释，提出现代汉语的空间系统由方向系统、形状系统和位置系统三个子系统构成，其中位置系统是空间系统中最重要的一部分。

方向指句子中的某个物体面对的方向所显示出来的空间特点。现代汉语中，一般用方位词来表示方向，用名词、代词或名词性词组表示显性的参考点。形状系统是指句子中的某个物体所占有的空间范围的形状显示出来的空间特点，包括点、线、面、体等，主要通过由方位词构成的短语形式来表示。位置系统是指句子中的某个物体与另一个物体之间的位置变化所显示出来的空间特点。

齐沪扬先生把对空间的研究和对时间的研究结合起来，进一步将位置系统分为静态位置系统和动态位置系统。将一个物体的运动状态在时间上的变化表现为横向的 X 轴，在空间上的变化表现为纵向的 Y 轴，进而将位置系统分为绝对静止的空间位置（0，0）、相对静止的空间位置（1，0）以及动态位置（1，1）。静态位置关系的表达至少应具备以下三类因素中的一种：

第一，表示关系、存在的动词，如"是、有、在"等。

第二，"V+着"形式以及"V+了+时段词"。

第三，具有静态性质的"在"。而表达一个完整的动态位置关系，通常要具备源点、位移轨迹和终点三个因素。仅有源点和终点概念的动态位置是不完备的，但仅有位移的句子却可以实现对动态位置关系的表达。文章还将位置系统中表达静态位置关系和动态位置关系的句式总结成表，使我们对二者的分工有了更为直观的认识。

2.1.2 方经民对汉语空间参照系统的研究

方经民（2002）提出，语言空间作为人们运用某种特定语言的结构形式表达出来的认知空间，包括空间关系和空间区域两个部分。空间区域是指事物在空间世界里所占据的地方或与之相关的方向位置，空间关系是指射体（trajector，TR）和地标（landmark，LM）之间随着时间推移而形成的存在（静态的、动态的）或位移关系。

方经民（1999c，2001）在探讨汉语空间参照系统时提出了"空间区域范畴""方位域""地点域"的概念，认为人们认识和表达空间世界里各种空间关系时要通过空间参照系统。现代汉语空间参照系统由空间存在参照、空间位移参照、空间方位参照三个子系统构成。其中，存在参照以存在事物为图像，以存在空间为背景，确定事物的空间存在；位移参照以位移体为图像，以位移轨迹为背景，确定物体的空间位移；方位参照以方位成分为图像，以方向参照点、位置参照点为背景确定一个空间方位域。存在参照、位移参照里的图像和背景是射体和地标的关系，作为存在参照地标的存在空间和作为位移参照地标的位移轨迹都是一种空间区域范畴。现代汉语空间区域范畴有两类，一类是地点域，一类是方位域。地点域和方位域都可以作为地标成为参照的空间背景或位移参照的位移轨迹背景。

方经民（1999b）集中研究了汉语空间方位参照的认知结构，提出空间方位参照反映了语言社会对认知空间中方位关系的认知过程和认知方式，是一种立体的、抽象的、深层的认知结构，其结构要素包括方位词、叙述者、观察点、方向参照点和位置参照点。方位参照的结构类型可以从不同的角度进行划分：根据位置参照点的有无，可把方位参照分为方向参照和位置参照；根据方位词的性质，可把方位参照分为绝对参照和相对参照；根据位置参照点和观察点的关系，可把位置参照分为自身参照和他物参照；根据位置参照点和方位辖域的关系，可把位置参照分为外域参照和内部参照。方经民（1999a）还考察了汉语社会运用方位参照时，在确立观察点、选用方位词、确定方位参照点、选择位置参照点等认知过程中的基本策略。

2.1.3　刘宁生对汉语空间关系表达的研究

刘宁生（1994）从汉语社会如何看待空间的角度探讨了汉语表达物体空间关系的特点。在对比物体关系的真实性（即对物体空间关系的科学描述）的基础上，揭示汉语表达物体空间关系的特点，并探讨这些特点怎样直接或间接地制约汉语对空间关系词语的选择以及空间关系语句的可接受性。文章具体涉及了以下几个问题。

1）"目的物""参照物"与可接受性问题

文章认为，目的物和参照物不是物体在客观空间中固有的特征（功能），而是人们在看待物体时所赋予它们的特征（功能）。目的物应具有面积或体积较小，空间上不固定，时间上不持久，结构较简单，对说话双方位置或方向未知等伴随特征；相应地，参照物应具有面积或体积较大，空间上相对固定，时间上相对持久，结构较复杂，对说话双方位置或方向已知等伴随特征。

2）语言范畴化与句子可接受度问题

文章提出，同一语言表达形式在不同的语言范畴中可接受度也相应不同。

3）语言的图解功能与方位词的选择性

文章认为，物体的几何特征转变成语言表达是一个过滤的过程。在语言表达中，物体的某一部分及其特征被强化突出而被看作整个物体的特征，另一部分及其特征则被淡化舍弃。而方位词的选择决定于人们如何看待名词所代表的物体的几何性质。

4）参照系与汉语方位词系统的特点

文章将汉语基本的方位词分为以下四类，并说明了不同类别方位词的参照系。

（1）附近、旁边、周围、中间、两旁；

（2）东、南、西、北、上、下；

（3）里、外；

（4）前、后、左、右。

其中：（1）类表示物体的相对位置，侧重于描述距离。（2）（3）（4）类则具有不同的参照系：（2）类以地球为参照系；（3）类以宇宙为参照系；（4）类以人本身为参照系。

5）汉语表达空间关系的其他语言手段

关于其他语言手段，文章着重讨论了汉语中表达"接触/分离""里/外"

两个范畴的特定形式。

2.1.4　崔希亮对汉语空间表达的类型学及个案研究

崔希亮（2002）对孤立语、黏着语及屈折语中空间方位关系的表达进行了类型学考察，认为空间方位是与存在相关的基本范畴，至少涉及存在物、空间方位及存在方式三个要素，不同语言编码手段上的差异具有类型学意义。研究发现，在不同语言中，表征空间方位的手段也有所不同，例如：英语用介词来标引空间方位；汉语用介词＋方位词标引空间方位；而日语则运用格助词标引空间方位等。同时，标引空间方位的成分在句中的位置也有所不同：其中，日语标引方位的格助词等语言成分位于谓语动词之前，属于空间表达成分前置型语言。俄语、古代汉语中的空间方位成分多出现在谓词性成分之后。而在现代英语及现代汉语中，标引空间位置关系的成分的位置则较为灵活。例如，"他在北京住"同"他住在北京"的表达方式均可为人们所接受。崔希亮指出，汉语空间方位表达中的上述语序变化同介词前置、后置的功能差异密切相关。其中，位于前置位置上的介词结构是背景部分，而位于后置位置上的介词结构则用于表征前景部分。同时，语言编码上的差异还存在着深层的认知动因。

崔希亮还通过对于空间介词的个案研究，对汉语中相应介词结构表征空间方位概念时具有的歧义现象进行了考察。在对介词结构"在……上"进行研究时，崔希亮（2001）指出，该介词结构空间方位表达的不确定性与句中各项参数的变化密不可分，论元角色的变换、上下文语境及听话人的知识背景等均可对句子歧义的化解产生影响，汉语空间方位关系及其泛化形式的理解表现为一个整体的认知过程。在另一项研究中（2001），崔希亮还对空间方位词"里"的多义现象与句法歧义进行了考察。研究发现，"里"的意义经历了"空间范围→方位处所→环境氛围→抽象事物"的转移，而"空间范围"表现为其核心语义特征。

2.1.5　小结

方经民对汉语空间参照系统做了系统的考察，并从认知角度着重对其进行了分析。但文章对方位参照的考察未能进入句法层面，即未能将方位参照的认知结构分析和相应的句法结构分析联系起来。齐沪扬对表达静态、动态位置关系的句式进行了细致分类，其总结的空间方位系统对本书的论题有一定启发。但我们看到，本书研究的空间位置关系虚拟运动句并不在齐沪扬的研究范围之内。

同以往对汉语物体空间关系表达方式的静态描写不同，刘宁生从客观世界、认知世界与语言世界之间关系的角度出发，挖掘了汉语对物体空间关系的一些认知方式和表达规律。该文揭示的人类对于空间关系的深层认知机制对本书的研究具有很大的启发意义。同时，崔希亮对于空间方位表达所进行的跨语言比较，也为本书将要开展的类型学研究提供了参考。

2.2　各语言空间位置关系的虚拟运动研究

对于语言中虚拟范畴的考察，以英语的研究成果最为丰富。其中，最早对英语中的虚拟表达加以关注的是美国学者泰尔米（1983），他选用"虚运动"（virtual motion）一词来指称相关的虚拟运动现象。在此后的20余年中，相继出现了一批从认知与心理学角度解读不同语言背景下虚拟运动表达的研究成果。不同学者对于相关现象的命名也有所不同，如兰艾克（Langacker，1986，1987，2000，2003）的"抽象运动"（abstract motion）、松本曜（Matsumoto，1996a，1996b）的"主观运动"（subjective motion）等。而泰尔米（1996，2000）提出的"虚拟运动"（fictive motion）为学界普遍接受，最终成为指称相关语言现象的通用概念。

泰尔米（1996）首次系统、深入地对英语中的虚拟现象——特别是虚拟运动现象——进行了考察。该研究明确界定了虚拟运动的定义，同时，在对英语中的虚拟运动现象进行全面挖掘的基础上建构了英语的虚拟运动框架，并在此基础上对于虚拟运动的生成机制进行了深入挖掘。可以看到，泰尔米为后续相关研究明确了研究对象并奠定了坚实的理论基础。事实上，相关后续研究多围绕泰尔米以英语为基础所搭建的虚拟框架展开，至今尚未出现针对其他语言中虚拟运动现象所开展的系统研究。

根据研究角度的不同，我们可将学界对于虚拟运动现象的研究分为理论探讨、跨语言对比研究和实验研究三大类。其中，理论研究关注虚拟运动的定义、分类、句法语义制约以及认知机制等；跨语言对比研究多通过比较不同类型语言虚拟运动表达的异同，发现虚拟运动表达的理想认知模型；而实验研究则多通过设计心理学实验，对虚拟运动的内部心理生成机制加以外化。下面我们对此依次加以综述。

2.2.1　虚拟运动理论研究

对于虚拟运动的理论研究多涉及虚拟运动的分类、句式特点及生成机制等，泰尔米（1983，1996，2000）、兰艾克（1986，1987，2000，2005，2007）、松本曜（1996a，1996b）、崔希亮（2004）、姚京晶（2007a，2007b）以及马丁内斯－洛萨（Noelia Jiménez Martínez－Losa，2007）等均从不同角度对语言中的虚拟运动现象进行过理论探讨。

2.2.1.1　泰尔米对虚拟现象的研究

泰尔米最早关注语言中真实和虚拟的对立，并明确提出了虚拟运动理论，为后续研究提供了坚实的理论基础。在其著作《走进认知语义学》中，泰尔米对英语中的虚拟运动现象进行了系统的研究，我们将在本书的第3章中对其进行译述。

2.2.1.2　兰艾克的虚拟系统（fictivity）研究

兰艾克（1986）集中对英语中的虚拟现象进行了系统梳理。兰艾克指出，作为一种最为基本的语言现象，虚拟在语言中存在多种表现，常见的虚拟现象包括虚拟客体（fictive entities）、虚拟变化（fictive change）、虚拟运动（virtual motion）、虚拟扫描（fictive scanning）等。在对英语中的虚拟运动现象进行论述时，依据动词时体表现的差异，兰艾克将虚拟运动句分为以下两类：

例1　The balloon rose quickly. 气球急速上升。　［真实运动（actual motion）］（Langacker，2007）

例2　a. The path rose quickly as we climbed. 在我们攀登的过程中，小路急速倾斜（即突然变陡）。　［完成体虚拟运动（perfective virtual motion）］（Langacker，2007）

b. The path rises quickly near the top. 小路在顶端急速倾斜（即突然变陡）。未完成体虚拟运动（imperfective virtual motion）（Langacker，2007）

其中，两类虚拟运动句的差异涉及句法和认知两个层面。在句法表现上，完成体虚拟运动句一般不具有一般现在时，句中动词可以表现为进行体，且主要用于表征有界事件；而未完成体虚拟运动句通常以一般现在时出现，句中动词不可表现为进行体，且主要用于表征某种无界的静止状态。

同时，二者的认知过程也存在差异。完成体虚拟运动句可涉及位移者（mover）沿句中路径发出的真实运动，该位移者也会以某种方式在句中加以明示，如例2a中的we。此类虚拟运动句采用局部取景窗口，随着位移者或观察者视点的移动，取景窗口也随之发生变化，在这种情况下，报道方式表现为次第扫描。而未完成体虚拟运动句采用整体取景窗口，仅涉及观察者的主观心理运动，在这种情况下，观察者采用全景扫描的报道方式，对空间中静止客体的整体构型特征进行远距离概括。

2.2.1.3 松本曜的主观运动（subjective motion）研究

1）英语、日语虚拟运动句的对比研究

松本曜（1996b）针对英日延展类虚拟运动表达上的异同进行了跨语言对比研究。该研究首先从句法和认知层面证明了上述句式中虚拟运动的存在，继而指出，两种语言在虚拟运动的表达上存在着惊人的相似——句中必须出现与路径表达相关的信息，同时，那些与路径无关的表征运动方式的信息则不能在句中出现。例如，虚拟运动句排斥与路径表达无关的运动速度信息。

例3 * The road walks/speeds/hurries/strides through the park. *[①]小路走过/跑过/匆忙穿过/跨过公园。（Matsumoto，1996b）

松本曜指出，上述相似点与两种语言中虚拟运动句的深层认知机制直接相关。此类虚拟运动表达的功能在于对空间中某一延展客体的构型及延展度进行说明，这就必然要求观察者对该线性物体进行扫描，相应地，观察者注意力通过扫描所生成的路径便自然与该物体相重合。松本曜认为，正是此类虚拟运动句的上述认知功能，决定了路径信息的不可或缺性。而运动方式信息同此类虚拟运动句的表达功能并无直接关联，因而没有存在的必要；同时，由于经常牵涉真实运动客体，（速度、肢体运动等）运动方式信息与虚拟运动句的兼容度较低，因而在表达中常被过滤掉。

文章进一步指出，英语、日语在建构虚拟延展路径时，语法和词汇层面也存在着一定差异。例如，在延展类虚拟运动句中，英语中的运动动词在一些情况下功能相当于状态动词（stative verbs），而日语的运动动词则不具有这一特性。松本曜认为，这一差异是由两种语言动词的时体特征差异决定的。

又如，一些日语运动动词不能用于表征现实中不可真实穿越的虚拟位移（untravellable paths），而极少数英语动词存在此项限制。试观察下列例句：

例4　a. Sono　　haiuee　　wa　　heeya　　no　　mannaka　　o
　　　　　那条　　高速公路　　助词　　平原　　助词　　里面　　助词
tooru/iku/tootte iku.（Matsumoto，1996b）
　通过/走/通去

---

① ＊……＊代表此句不可接受。

The highway goes through/goes in/goes through the center（or middle）of the plain. 高速公路穿越/走过/通过平原腹地。

b. Sono　　　densen　　　wa　　　heeya　　no　　mannaka　　o
　　那根　　　电线　　　助词　　　平原　　助词　　里面　　助词

tooru/ ∗iku/??[①] tootte iku.（Matsumoto，1996b）

通过 / ∗走/?? 通去

The wire goes through/goes in/goes through the center（or middle）of the plain. 电线穿过/伸向平原腹地。

可以看到，英语动词 go 可同时建构"高速公路""电线"作为射体发出的虚拟延展运动，而日语动词 iku（走）则不能建构由"电线"发出的虚拟运动，因为"电线"并不能充当真实位移路径。松本曜认为，这一差异源于词汇层面：日语运动动词对于所表征运动的真实度有较高要求，而英语中的运动动词则可实现对于抽象运动事件的自由表征。

基于以上几点异同，松本曜对虚拟运动表达的本质特征进行了揭示，认为虚拟运动的表达同时受到了语法和认知层面的双重制约：虚拟运动表达直接反映人类的认知过程，同时也要受到相关语言固有的语法、词汇特征的制约。

2）　延展类虚拟运动句与通路类虚拟运动句的比较研究

松本曜（1996a）集中就延展（coverage paths）类虚拟运动句和通路（access paths）类虚拟运动句中的路径、虚拟运动持续时间、虚拟运动方式以及虚拟移动客体之间的异同进行了讨论。两类虚拟运动句均要求对路径信息加以明确，但同时两类句式也存在着一些差异。

首先，延展类虚拟运动句中的移动客体可由观察者的注意力等非真实物体充当，且运动持续时间依虚拟移动客体的差异而有所不同；其次，两类句式中涉及的运动方式和运动持续时间等信息的作用也有所不同。在通路类虚拟运动中，运动方式和持续时间用于表征位置，而在延展类虚拟运动中，二者则用于表征路径特征。

松本曜认为，上述两点差异的根本原因在于，两类虚拟运动句的认知功能存在差异。其中，当人们在对空间中某延展物体的构型及延展度加以认知时，客观上需要对其进行心理扫描，并将其建构成为扫描的路径。因此，路

---

① "??"代表此种说法存疑。

径也就成了句子表达的必要组成部分。而只有确定有助于路径信息的表达时，其他运动特征（如运动方式、运动持续时间等）才可在句中得以体现。由于心理扫描并未规定句中移动客体的具体性，该移动客体也可由抽象物体充当，此时，虚拟运动的持续时间便难以实现量化。而通路类虚拟运动的主要作用在于通过提供有效路径报告某一客体的具体位置。由此可以推断，句中未加以明确的移动客体必须是真实、具体的。同时，当且仅当有助于表征该客体的位置信息时，运动方式及持续时间等要素才可在句中加以明确。

两类虚拟运动句的第三点差异在于，运动持续时间这一概念在通路类虚拟运动句中主要用于表达空间概念，而在延展类虚拟运动句中，这一信息则具有纯时间性。松本曜认为，这一差异是两类句式语法层面的差异造成的。

上述研究成果表明，方式、持续时间等具体的运动特征能否在虚拟运动句中得到凸显，同时受到了句法和认知的双重制约。而句法限制本质上讲是虚拟运动句深层认知过程的外化表现。

2.2.1.4 汉语位移事件句虚拟位移研究

崔希亮（2004）在对汉语位移事件表达进行考察时，探讨了汉语中真实位移与虚拟位移的不对称。文章通过事件结构类型、事件动力来源、事件取景方式、事件参与者意志性、物项的可触知性梯度参数等认知语言学理论，对事件意义表达中真实位移与虚拟位移的不对称现象进行了解释。崔希亮指出，虚拟位移来源于人类认知系统中的知觉系统，虚拟路径也称"知觉路径"，表现为位移事件中，两实体之间的非物理空间关系在心理空间建构出的位移路径。例如，在"那双眼睛一直看到你心底里"所表征的位移事件中，"位移的主体并不是'眼睛'，而是从眼睛那里发出来的视线。'心底里'也不是一个实在的空间方位，它是一种隐喻。这个位移事件的路径就是视线从他的眼睛到你的心底里，起点是实在的事物，终点是隐喻性空间方位"。（崔希亮，2004）

2.2.1.5 汉语对于空间位置关系的虚拟运动研究

姚京晶（2007a）引入泰尔米（2000）提出的虚拟运动概念，集中研究了汉语对空间静止位置关系进行的虚拟运动现象。依照是否生成位移，将虚拟运动句分为虚拟位移运动句和虚拟零位移运动句两类。

文章总结了汉语虚拟空间静止位置关系句的句法框架，依托此框架归纳出了汉语虚拟的覆盖、连接、穿插、存现、倚靠、环绕等六类常见的空间静止位置关系，并对汉语虚拟空间静止位置关系句中虚拟运动的生成原因和机制进行了解释。文章认为，在汉语两类虚拟空间静止位置关系句的句法框架中，进入框架的 NP 和动词具有的语义特征相互冲突，因而在人们主观整合句子整体表达意象的同时，引发了虚拟运动的生成。同时，人们视线的真实移动向认知经验上的投射表现为生成虚拟位移运动现象的内在机制；而真实的零位移运动模型向非生命静止客体之间静止位置关系表达上的投射，表现为生成虚拟零位移运动现象的内在机制。

文章最后还探讨了汉语虚拟空间静止位置关系句与存在句、事件句在句法框架和运动性表达上的关联。在句法上，汉语虚拟空间静止位置关系句同存在句有着相似的句法框架，但其借用的是事件句的动词核心。文章认为，汉语不同句式运动性的表达可构成一个由弱到强的连续统，存在句与事件句分别位于该连续统的两极位置。汉语虚拟空间静止位置关系句由于采用了虚拟运动的方式，对空间静止位置关系进行了重构，使得句式整体体现出的运动性强于存在句；同时，由于人们在接受对空间静止位置关系进行虚拟的现象时，经历了整合句子表达内容与主观认知经验的阶段，句式虚拟产生的运动性在一定程度上受到了削弱，使得句式整体体现出的运动性弱于事件句。也就是说，汉语存在句、虚拟空间静止位置关系句与事件句的运动性表达处于一个连续统之中，且三种句式的运动性依次递增。

韩玮（2009）从概念整合理论的角度对虚拟运动现象进行了分析，认为虚拟运动的理解过程包含着一个概念整合的过程。随着两个输入空间的建立，这两个输入空间中的概念结构被选择性地投射到整合空间中去。在整合空间中，通过组合、完善和扩展三种操作，产生了虚拟运动的突生结构。概念整合理论也能较好地解释虚拟运动的功能。作者认为，虚拟运动的功能是在完善和扩展整合空间的过程中产生的，同时概念转喻也起着重要作用。

黄华新、韩玮（2012）从汉语特点入手，集中探讨了语言表层结构背后的认知动因，指出主观位移及表层语言结构的形成依赖于人类概念整合、概念转喻和完型心理等认知能力与认知操作。主观位移产生于对动态空间和静态空间的概念整合操作之中。在主观位移的语言编码过程中，凸像的选择性、路径信息的必要性和方式信息的受抑制性等语言特点也具有认知理据。

李秋杨（2012），李秋杨、陈晨（2012）运用认知语言学和体验哲学观，探讨延伸路径类和相对框架路径类虚拟位移表达产生的空间和视觉感知体验。

研究发现，虚拟位移表达的产生和人们的身体经验有直接关系，它存在于人类认知系统的各个层面。虚拟位移现象，一方面说明了人类语言客观性与主观性的对立，同时也肯定了人在意义构建中的主观能动作用，它融合了人的视觉经验和百科知识，是主客观的统一。

郑国锋等（2017）集中对汉语发射路径（emanation path）进行了研究。文章以泰尔米对于发射路径的分类和界定为基础，将汉语中的发射路径分成了四大类——方向路径、辐射路径、影子路径和感知路径，并对各路径的思维模式和运用习惯进行了总结。

2.2.1.6 其他相关的理论研究

泰尔米（2000）认为，总体虚拟框架理论可同时涵盖视觉和语言层面，而隐喻的解释力则仅局限于语言层面，因而可以认为，隐喻属于总体虚拟框架的下位概念。虚拟运动的研究不能与隐喻运动（metaphorical motion）的研究相混淆。马丁内斯－洛萨（2007）对此提出了质疑，通过对于文本的定量研究，马丁内斯－洛萨指出，运动隐喻、转喻和意象图式等理论可以充分对虚拟运动表达的深层语义认知机制进行解释。我们可以将虚拟运动的生成过程理解为真实位移事件（沿某一路径发生的真实位移运动）向虚拟路径①的转喻（motion along a path for path metonymy），本质上表现为运动域向结果域的转喻（action for result metonymy）。

马丁内斯－洛萨同时指出，马特洛克（Matlock，2004b）依照句中是否可以出现方式动词对虚拟运动句所做的分类并不精确，真实语料中存在着大量跨界现象，因而可否兼容方式动词并不表现为虚拟运动句内部差异的决定性因素。马丁内斯－洛萨认为，应依据动词所涉及的论元数量对虚拟运动句进行分类，如例5所示。其中，a类虚拟运动句中的动词仅涉及一项论元（如地标），b类虚拟运动句的动词则可同时涉及两项或多项论元（如源点、目标、地标等）。

例5 a类虚拟运动结构：

射体（trajector）＋ 运动动词（普通运动动词或方式动词）＋ 一项论元（地标）

---

① 指虚拟运动中的心理扫描路径，常常表现为空间中的静止客体本身，如"The highway crawls the city"（高速公路延展至城市的各个角落）中的"highway"。

A trail goes through the desert. 小路穿过沙漠。（Matlock，2004b）

The road runs along the coast. 公路沿海岸线延伸。（Matlock，2004b）

b 类虚拟运动结构：

射体（trajector） + 运动动词（普通运动动词或方式动词） + 多项论元（源点、目标、附加地标等）

The fence goes from the plateau to the valley. 篱笆由高原向山谷延伸。（Talmy，2000）

The fence zigzags from the plateau to the valley along the property line. 篱笆沿着建筑的走向由高原向山谷曲折伸展。

2.2.1.7　小结

我们看到，目前对于虚拟运动的理论研究是以泰尔米（1996，2000）关于虚拟运动的界定和分类为基础展开的。我们并未发现对于英语以外其他语言中的虚拟运动现象所进行的系统研究。现有的理论研究多围绕延展类虚拟运动展开，且研究焦点多集中于此类虚拟运动现象的内部分类、构成要素的语义特征以及内部认知机制上。关于分类标准，各家看法并不相同：兰艾克和松本曜建议根据是否可伴随真实运动对此类虚拟运动句进行划分；姚京晶的分类标准则表现为是否生成虚拟位移；马特洛克的分类依据是句中动词是否牵涉运动方式表达；马丁内斯–洛萨则认为应当依据动词所带论元数量对其进行分类。对于该类句式构成语义特征的分析则涉及了射体、路径、方式动词、运动时长等多个侧面。而对于延展类虚拟运动句的认知机制，各家的看法则趋于一致——此类虚拟运动句涉及了某种程度的心理扫描。

2.2.2　虚拟运动的类型学研究

研究表明，英语、法语、西班牙语、意大利语、瑞典语、塞尔维亚语、汉语、日语、泰语中均存在着不同类型的虚拟运动现象。对不同语言中的虚拟运动现象进行类型学研究，有助于发现人类表达虚拟范畴的跨语言共性，从而揭示人类对于空间范畴、运动范畴的基本认知规律。

2.2.2.1　日汉虚拟运动对比研究

铃木裕文（2005）从视觉主体位移和视觉主体视线移动的角度，对日语和汉语的主观位移（subjective motion）表达形式进行了对比分析。研究发现，日语和汉语之所以对于同样的信息采取不同的表达方式，是因为汉语在采取主观位移的表达方式时要受到处所词或方位等条件的限制。表达范围占有路线时，英语和日语在表达现实位移、假设位移、视点移动时都可以采取主观位移的表达形式，而汉语只有在表达假设位移时才可以使用主观位移的表达形式。铃木裕文认为，日语和汉语在主观位移表达上的差异是由两种语言扫描方式上的差异决定的：日语中可以运用"综合扫描"和"顺序扫描"的形式，而汉语则倾向于采取"综合扫描"的形式。

2.2.2.2　英泰虚拟运动对比研究

高桥清子（Kiyoko Takahashi，2005）集中探讨了英语和泰语三类虚拟运动表达理想认知模型。(Idealized Cognitive Model，ICM) 存在的巨大差异，这三类虚拟运动分别是通路（access path）类虚拟运动、延展（coextension path）类虚拟运动以及历时（advent path）类虚拟运动。研究表明，首先，英语的通路类虚拟运动表达经常涉及某一具体的虚拟位移客体，并能对虚拟运动方式和持续时间加以限定；而在泰语相应的虚拟运动表达中，位移客体、运动方式以及运动持续时间等信息均受到了严格制约。第二，在表达延展类虚拟运动时，英语允许建构某（具体或抽象的）移动客体沿某（真实或虚拟）路径（traversable or untraversable）发出的虚拟位移运动，且可对虚拟运动时间进行粗略估计；然而在泰语中，移动客体及路径则必须是具体、真实的（concrete and traversable），且运动持续时间不可量化。第三，泰语中的通路类虚拟运动包含相对丰富的运动方式信息，然而在英语中，只有抽象度较低的通路类虚拟运动才可对运动方式加以限定。

同时，高桥清子还进一步指出，相同类型的虚拟运动在不同语言中的抽象度也存在显著差异。在英语中，历时类虚拟运动最为抽象，而在泰语中，占据虚拟度等级最高位置的则是通路类虚拟运动。高桥清子认为，两种语言相应虚拟运动表达在语义制约和虚拟度等级方面存在的差异，从根本上讲是由二者底层理想认知模型的差异造成的，在虚拟运动的跨语言研究中引入认知类型学（cognitive typology）框架是十分有益的。

2.2.2.3　英西虚拟运动对比研究

泰尔米（1975，1983）依据运动表达方式的不同划分了附目框架语言（satellite - framed languages）和动词框架语言（verb - framed languages）。其中，附目框架语言倾向于运用一个语言单位表达两种语言要素，如动词可同时糅合运动和运动方式两项信息，典型的附目框架语言包括英语、德语、塞尔维亚语等。以英语为例，动词 crawl、walk、limp 在表达位移信息的同时也对运动方式进行了说明。而动词框架语言中的动词则倾向于将位移特征糅合到运动表达之中，以西班牙语和法语最为典型。例如，西班牙语中的动词subir（go up）、bajar（go down）、cruzar（go across）同时包含了同运动方向相关的信息。自泰尔米报道此项类型学差异以来，英语和西语便成为跨语言对比研究最为关注的两种语言，二者之间的差异得到了较为充分的挖掘。例如，斯洛宾（Slobin，1996）的一项研究表明，英译西的过程中经常会过滤掉一些运动方式信息，而当西译英时，翻译者会对这些信息加以补足；同时，一些复杂的路径信息也会在英译西的过程中得到简化。瓦伦苏埃拉和罗霍（Javier Valenzuela & Ana Rojo，2004）则通过对英译西文本中的虚拟运动句的检索，发现斯洛宾报道的上述翻译倾向在虚拟运动句的翻译过程中并不显著，翻译者更加忠实原著地保留了运动方式信息，且重要的复杂路径信息也并未被过滤。哈维尔·瓦伦苏埃拉等认为，这在某种程度上验证了松本曜（1996）对于路径信息在虚拟运动表达中重要地位的论断。

在另外一项阅读实验研究中，哈维尔·瓦伦苏埃拉等发现西语被试对于延展类虚拟运动句中延展主体是否可以真实穿越（travellable）较为敏感，现实中不能进行穿越的物体（如墙、篱笆等）构成的虚拟运动表达在理解时耗时较长。同时，由不包含路径信息的方式动词构成的虚拟运动句在接受时也较为困难。实验结果表明，松本曜（1996）对于英语、日语虚拟运动表达相似之处的判断同样适用于西语母语者，且在虚拟位移主体是否可以真实穿越的问题上，西语同日语表达更为接近。

2.2.2.4 法语和塞尔维亚语虚拟运动对比研究

法语和塞尔维亚语分别是附目框架语言和动词框架语言的典型代表，斯托斯克和沙达（Dejan Stosic & Laure Sarda，2005）的一项研究表明，法语和塞尔维亚语动词使用上的类型学差异同样影响到了空间静止位置关系表达层面。法语和塞尔维亚语在表达空间静止位置关系时，谓语部分主要由系动词［如 être（to be）］、姿势动词［如 ENG（to sit、to lie、to stand）］以及表征虚拟运动的动词三类成分构成。斯托斯克和沙达通过对两种语言小说文本中三类空间表达方式的分布进行量化分析，发现塞尔维亚语在对生命体和无生命体进行定位时均可运用姿势动词，这就使得姿势动词的出现更为频繁；相对地，法语中的姿势动词仅可对有生命体加以定位，使用频率在很大程度上受到了限制，然而，这也为虚拟运动表达比重的提高提供了条件。斯托斯克和沙达认为，在静态位置关系的表达中，姿势动词本质上同运动方式动词（如run、walk等）具有相同的语义功能。塞尔维亚语中姿势动词的高频运用，再一次证明了附目框架语言对于运动方式表达的重视，无论该运动表现为客观世界中真实发生的，还是人类对于空间静止位置关系的主观虚拟。

2.2.2.5　汉外虚拟运动对比研究

李秋杨（2014）在对比真实位移表达要素特征的基础上，考察了英汉西日四种语言中虚拟位移表达在路径、方式及位移主体等特征上存在的共性和差异。研究发现，虚拟位移的共性和个性，既与人的经验和思维规律有关，也与语法结构有关。

刘璇（2012）根据视觉主体、视觉客体以及视觉主体的视线的不同状态对虚拟运动表达进行了分类，并在此分类的基础上，通过英汉语料库的对比，对英语和汉语中有关道路的虚拟运动表达进行了比较。李易（2014）对英语和汉语中的延展路径（coextension path）和放射路径（emanation path）进行了对比研究。蔡珍珍（2015）、奉兰（2015）则基于语料库对英汉虚拟运动表达进行了全面对比。

2.2.2.6　小结

虚拟运动表达的跨语言对比研究同样较为关注延展类虚拟运动句，对比焦点包括句中的路径信息、运动方式表达以及虚拟位移主体的抽象度等。可以看到，附目框架语言同动词框架语言的类型学差异同样影响到了虚拟运动的表达。这再次证明了相关的语言类型学特征具有一贯性，在语言的真实、虚拟层面均能得到反映。

2.3　马特洛克的虚拟运动表达的实验研究

马特洛克近年来一直致力于揭示虚拟运动的内部认知机制，通过反应时长、绘画、眼球运动等一系列心理学实验，逐步勾勒出人类进行虚拟运动表达时的思维运动轨迹。马特洛克最终提出，虚拟运动本质上表现为人类对真实运动事件的模拟（simulation）。

2.3.1　反应时长实验研究

一些认知语言学家认为，虚拟运动并不一定牵涉有意识的心理位移运动或者对于运动的清晰构拟（Talmy，2000）。例如，当听到"The highway runs through the valley"类虚拟运动句时，听者的脑海中可能会浮现一幅非常具体的驾车场景。例如，驾驶一辆 1976 年出厂的老旧红色火鸟汽车以 45 迈的速度穿越优山美地（Yosemite）峡谷，人们甚至可以联想到凹凸不平的路面。然而更可能发生的情况是，听者并未感知到任何位移运动，而只是激活了某些对于特定空间场景粗略、不成熟的认识。

一些心理学研究成果为语言学家的上述猜测提供了间接依据。格伦伯格（Glenberg）及其同事对于情景模型（situation models）的研究表明，人们在阅读文章、记忆图像或对某种情景进行想象时均会建构某种与真实物理空间一致的模型（Glenberg, 1997, 1999; Glenberg, Kruley&Langston, 1994），根据格伦伯格的指示性假说（indexical hypothesis），该模型来源于人们围绕客体及运动展开的知识网络以及以往生成的认知经验等。又如，柯斯林（Kosslyn）等对于心理模拟运动（mental imagery）的研究成果也表明，人类对于虚拟场景的心理扫描时间同人类在物理空间中进行真实位移运动的耗时密切相关（Kosslyn, Ball&Reiser, 1978）。以上心理学实验均是基于真实语言（literal）或视觉输入展开的，马特洛克认为，如果格伦伯格及柯斯林的上述理论可以扩展到虚拟（figurative）领域，那么我们就有理由想象，人们在进行虚拟运动表达时同样会建构某种同真实运动事件一致的情景模型，且模型的搭建过程必然涉及心理空间中的某种模拟运动（simulated motion）。

马特洛克通过一系列心理学实验证明，人类在对虚拟运动表达进行解码时同样涉及了对于真实事件的模拟（simulated motion）。在一组相关实验中（Matlock, 2001a），被试首先阅读某位主人公穿越不同类型物理空间（包括路程差异、速度差异、路况差异等）的短文，阅读结束后，立即对某一虚拟运动句或静止位置关系句是否与该短文内容相关做出在线判断，而判断反应时长将被电脑系统如实记录。

此类实验的原理在于，根据格伦伯格及柯斯林的理论，被试在对短文里物理空间中发生的位移运动加以认知时，会同时建构同真实运动一致的情景模型，并在该模型中对真实运动进行模拟。而当被试在对虚拟运动句进行理解时，会激活同样的空间场景模型并再次模拟真实运动，那么在判断相应虚拟运动句是否与短文内容相关时，短文中所描述的真实运动的一些特点（如路程、速度、路况等）便必然会在反应时长上有所体现。

实验结果表明，当短文将主人公的旅程刻画得相对艰难时（路程远、速度慢、路况差），被试对目标虚拟运动句进行判断所需时间更长；相应地，当旅程相对轻松时（路程近、速度快、路况良好），被试做出判断的反应时间也就较短。而对表达同样空间场景的静止位置关系句进行判断时则并未出现上述反应时长差异。马特洛克认为，从以上实验结果可以推导出三点结论，在理解包含运动动词的虚拟运动句时：①人类建构了同短文中所述物理空间相一致的心理空间场景模型；②在建构的心理空间模型中模拟了运动；③此种模拟运动从各个角度对真实运动进行了映照。

2.3.2 眼球运动实验研究

自库珀（Cooper, 1974）证明眼球倾向于追踪言语中某客体进行运动以来，相当一部分研究对视觉表现同语言感知之间的密切相关性进行了揭示（Henderson & Ferreira, 2004；Trueswell & Tanenhaus, 2005）。例如，人们在组织句法结构（Tanenhaus, Spivey Knowlton, Eberhard & Sedivy, 1995）、分配语义角色（Altmann & Kamide, 1999）时均会涉及视觉操作。马特洛克（2005）试图利用此种视觉表现同语言输入之间的融合关系揭示虚拟运动表达的内部认知机制。

马特洛克和理查德森（Matlock & Richardson, 2004）首先向被试呈现某幅概括静止空间场景延展特征的简单图画，同时向被试输入表达该场景的虚拟运动句（例如：The palm trees run along the highway.）或真实静止位置关系句（例如：The palm trees are next to the highway.），并对被试眼球在图画相应区域的注视时间进行追踪。实验证明，被试眼动状况与输入的句子类型显著相关：当接收到对于空间中某延展客体的虚拟运动表达时，被试对于该客体（palm trees）的注视时间会相对较长；而当接收到对于同一客体的位置所进行的真实静止表达时，被试对该客体的注视时间相对较短。马特洛克和理查德森由此认为，同真实表达类似，虚拟表达也会对人类的视觉经验造成影响，同时猜测，造成此种影响的原因在于虚拟运动的认知过程涉及了某种心理模拟运动。然而，该实验并不能完全排除句中位移动词或介词结构对于注视时间的影响，同时也不能证明被试确实模拟真实位移运动对图画中的客体进行了眼动扫描。为了提纯实验结果，马特洛克和理查德森（2005）在上述实验的基础上，进一步将眼动模式和扫描频率纳入了考察范围。研究发现，当虚拟运动的背景环境较为艰难（the desert is hilly）时，被试对于虚拟路径的注视时间较长且扫描频率较高。在此，虚拟运动方式直接影响了被试的眼动模式。这就更加有力地证明，虚拟运动确实涉及某种心理模拟运动，且此种心理运动可与视觉表现实现快速融合。虚拟表达对人类感知存在显著影响。

2.3.3   虚拟位移运动对空间隐喻影响的实验研究

马特洛克等（Matlock, Ramscar & Boroditsky, 2005）的一项实验表明，虚拟位移感知可以影响空间向时间的隐喻模式。英语中的一些时间表达具有一定的模糊性，如在"Next Wednesday's meeting has been moved forward two days."中，由于 move forward 的歧义性，听者无法准确判断会议召开的时间。研究者发现，当事先向被试呈现某种虚拟位移表达时，被试便倾向于采用自我移动视角（ego - moving perspective）对上述歧义句进行理解，即认为会议推迟至周五召开，而当事先向被试呈现真实运动表达时，被试则不具有此种认知倾向。同时，虚拟位移的方向也会对时间歧义的消解造成影响：当虚拟位移主体"远去"（going away）时，被试倾向于认为会议推迟，而当虚拟位移主体"靠近"（coming forward）时，被试倾向于认为会议提前。在此，对于虚拟位移运动的感知引发了时间认知上的自我移动倾向。

2.3.4   绘画实验研究

心理学的一系列研究表明，绘画直接反映人类对于外部世界的认知，可为揭示人类对于物体、状态、运动等的概念化过程提供依据（Tversky, 1999, 2001）。马特洛克（2006）将此项心理学研究成果运用到虚拟运动研究领域。如果对于位移的心理模拟（mental simulation）或心理扫描（mental scanning）确实表现为虚拟运动认知结构的一个组成部分，那么虚拟运动句中包含的主要空间要素就会通过不同的绘画模式得以体现。例如，通过拉长的图形表征延展的虚拟位移等。在马特洛克设计的三项绘画实验中，被试首先阅读描述同一空间场景的虚拟位移运动句或真实空间静止位置关系句，继而通过一些简单的符号表达对于该空间场景的认识。实验结果表明，在两项自由绘画任务中，表征虚拟位移事件的符号显著长于真实静止位置关系符号；在一项限定绘画任务中，表征快速虚拟位移事件的箭头较之慢速虚拟位移更为细长、平直。这一实验结论有力地论证了人类对于虚拟位移运动句的认知过程确实涉及了对于位移的心理模拟或心理扫描。

2.3.5   小结

可以看到，上述心理学实验均有力地证明了人类具有建构模拟运动的认知能力，而此种能力为生成虚拟表达提供了条件。那么，人类对客观静止的位置关系进行虚拟的深层动机又在何处？马特洛克认为，人类需要对客观世界进行虚拟,一方面源于人类表达物体位置以及自身去向的要求,另一方面也是由运动在人类生存中的重要作用决定的。在人类进化史上,移动为人类探索外部世界、躲避潜在危险提供了可能,因而运动的重要地位早已在人类认知中根深蒂固。模拟真实世界中的运动迎合了人类对于运动的渴望,已经进化成了人类的一项心理本能。马特洛克的实验研究虽然仅涉及了一类虚拟运动类型,即延展虚拟运动,且研究并未扩展至真实话语领域,但马特洛克认为,我们已经可以确信,虚拟运动本质上表现为运动在人类认知中的重要地位在语言层面的体现。

2.4 相关研究成果小结

通过上文的总结我们看到,前辈学者已从真实角度对汉语空间位置关系进行了较为系统的研究,基本勾勒出了汉语空间方位表达的体系。然而,从虚拟角度考察汉语空间位置关系的系统研究还十分稀少。

国外对于虚拟运动的研究开展得较早,对于虚拟运动的理论研究多涉及虚拟运动的分类、句式特点及生成机制等。其中,以泰尔米的研究最为全面、系统,他所拟定的虚拟运动的定义及分类为后续研究奠定了坚实的基础。可以看到,后续学者的研究基本上都是围绕泰尔米提出的延展类虚拟运动现象展开的,相关研究成果涉及虚拟运动理论、跨语言比较、心理学实验等多个方面。

3　虚拟运动理论介绍

　　《语言和认知中的虚拟运动》是美国学者泰尔米的著作《走进认知语义学》（2000）中的第二章。在这一章中，泰尔米（1996）首次系统、深入地对英语中的虚拟现象——特别是虚拟运动现象——进行了考察。该研究明确界定了虚拟运动的定义，同时，在对英语中的虚拟运动现象进行全面挖掘的基础上建构了英语的虚拟运动框架，并在此基础上对于虚拟运动的生成机制进行了深入挖掘。该章的论述主要包括总体虚拟模式研究、语言中的虚拟运动现象、源点类虚拟运动研究、其他虚拟运动研究、源点类虚拟运动相关原则及其解释等五个部分。

3.1　总体虚拟模式研究

　　泰尔米（1996，2000）集中引入了英语中大量虚拟现象——特别是虚拟运动现象——在认知中的表现。他认为，虚拟现象是认知系统中的"交叠系统"（over‐lapping systems）在语言系统中的特殊体现。这里提出的"交叠"是指对同一实体进行认知时所产生的矛盾现象，即当对同一个体存在两种认知表现且这两种认知表现的真实度存在差异时，便会引起这两种认知表现之间的矛盾。泰尔米将其中真实度等级较高的定义为真实（factive）的认知表现，将真实度等级较低的定义为虚拟（fictive）的认知表现。在语言学领域，factive用于指称那些在真实度等级中级别较高的项目，它与词语"事实的"（factual）有所不同，因为factual所表征的是某种认知表现存在着客观的真实性。同样地，fictive试图指称认知的想象能力，它也与词语"虚构的"（fictitous）不同，fictitous表征的是某种认知表现存在着客观的虚假性。综合上述观点，泰尔米将这种针对同一客体的、真实程度不等的、内部存在矛盾的认知表现形式称为"总体虚拟模式"（general fictivity pattern）。

　　虚拟现象可以通过语言手段加以表现。在语言中，两个相互矛盾的认知表现，一个被用来指称说话人或听话人对句子实际表达含义的认识，另一个被用来指称构成句子的语言形式，且前者的真实性高于后者。例如：

例6 That mountain range goes from Canada to Mexico. 山脉从加拿大延展到墨西哥。（Talmy，2000）

在例6中，常识告诉我们，山脉是静止不动的，而句子的语言形式则成功地虚拟了山脉的位移运动。

同时，虚拟现象也可以通过视觉手段加以表现。在视觉系统中，两个相互矛盾的认知表现，一个用来指称观察物象时产生的具体的或完全可触及的感知，另一个用来指称观察同一物象时产生的可触及性（palpability）较低的感知。可触及性较高的视觉表现具有"真实性"，可触及性较低的视觉表现具有"虚拟性"。在通过视觉手段表述虚拟运动现象时，可及度较低的视觉表现处于运动状态，而完全可及的表现基本上处于静止状态。例如：当人们观察一个平行四边形时，在真实地看到一个可及度很高的静止几何图案的同时，也可同时感受到这样一个可及度较低的虚拟事件，即该平行四边形是由长方形倾斜之后形成的。

目前的研究多集中在与真实静止状态同现的虚拟运动状态上。可以看到，此种类型的虚拟运动在数量上远远超过了真实的运动与虚拟的静止并存的情况。泰尔米认为，这种不对称也体现了认知上的物力论偏向。

3.2 语言中的虚拟运动现象

在对语言和认知中的"总体虚拟模式"充分阐述的基础上，泰尔米着重对英语中的虚拟运动现象进行了系统挖掘，并将英语中的虚拟路径概括为源点路径（emanation path）、方式路径（pattern paths）、相对运动路径（frame - relative motion）、历时路径（advent paths）、通路路径（access paths）、延展路径（coextension/coverage paths）六类。英语中的虚拟运动及其相互关系可概括为表3 - 1。

在六类虚拟运动现象中，泰尔米对于源点类虚拟运动现象的描写最为细致，对于英语中的其他五类虚拟运动现象着墨不多。

3.3 源点类虚拟运动研究

源点类虚拟运动现象（emanation path）是指从某源点发出的不可及物体所生成的虚拟位移运动。在此，该不可及物体由其源点生成位移运动并最终对某远距离实体发生影响。例如：

例 7 The tree threw its shadow down into/across the valley. *树影投向山谷。* (Talmy，2000)

如表 3 - 1 所示，源点类虚拟运动现象包括指向路径、放射路径、影像路径及感觉路径四类。

表 3 - 1 英语中的虚拟运动及其相互关系

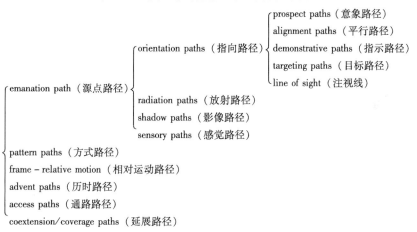

3.3.1 指向类虚拟运动

指向路径（orientation paths）是指一个连续的线性不可及实体从一物体前方产生并平稳地从该物体面前移开的虚拟运动模式。指向路径包含五个小类，下面分别进行介绍。

1）意象路径

正面呈现脸形的物体与周围事物的方位关系可以被概念化为虚拟运动。这种意象可被理解为一些不可及的线从某物体的正面发出，并持续向与之相关的另一物体移动。语言学上将不可及的线视作凸体（figure），该凸体沿着介词所指示的路径向另一物体移动，而该物体在此则被视为背衬（ground）。

在英语中，此种结构常常包含类似 face、look out 这样的动词或动词词组。例如：

例 8 The cliff wall faces toward/away from/into/past the valley. *崖壁朝向/背向/面对山谷。*（Talmy，2000）

在例 8 中，崖壁垂直的断面充当脸状平面，崖壁与周围物体的位置关系被概念化成了一种虚拟运动。该虚拟运动从崖壁的横断面发出并沿介词所指示的方向向山谷移动。该例也符合前面提到的"整体虚拟模型"：句子的字面义描述了一个虚拟的、真实度较低的意象，如从字面上来看，我们可以感知到一些物体从崖壁发出并沿着介词所指示的方向向山谷发生了运动；但我们的常识同时也向我们呈现了一个真实度较高的场景，即该句中包含的实体均处于静止的状态，并未发生位移运动。

2）平行路径

平行路径是指一个包含点状端点的静止线性物体的虚拟运动路径。此种路径可被概念化为一些不可及的事物从物体的一端发出，并沿着物体的轴线移动（移动的路径由句中的介词指示），最终指向与之相关的较远物体。

在英语中，此种平行只包含两种情况：该线性物体朝向或者背离另一客体。

例9 The snake is lying toward /away from the light. 一条蛇朝向/背对光线趴在地上。(Talmy，2000)

在此，蛇充当包含点状端点（蛇头）的线性物体，光线充当客体，lie 是一个静止动词，是 toward、away from 等介词（组）激活了该句建构虚拟运动的潜力。若没有上述介词，该句就可能含有其他意象，即一条朝向或者背对光线的蛇盘在地上。

3）指示路径

指示路径（demonstrative paths）表征包含一个点状端点的线性物体发出的不可及线所发生的运动。然而，与平行路径不同的是，在此类虚拟运动中，不可及线的作用表现为引导人的注意力走向。例如：

例10 I/The arrow on the signpost pointed toward/away from/into/past the town. 我/路标上的箭头指向小镇/指向与小镇相反的方向。(Talmy，2000)

在例10中，箭头或伸出的食指充当了具有点状端点的线性物体，从箭头或指尖发出的不可及直线沿着介词所规定的方向延伸，以指引人们的注意力、眼神向该方向发出真实运动。

4）目标路径

目标路径（targeting paths）是指一个施事有目的地将一个存在方向的物体置于某一方位，在此，不可及线从该物体正面发出，沿着施事希望的路径延伸。此种虚拟运动形成了一条运动路径，沿着这条路径，施事可能会发出进一步的后续运动。而这种后续运动可能是真实发生的，也可能表现为虚拟运动。例如：

例 11　I pointed/aimed（my gun/camera）into/past/away from the livingroom. 我将枪口/相机对准/瞄准/指向/背对客厅。(Talmy，2000)

在例 11 中，人作为施事将手枪或照相机置于某一方向，而枪口或镜头的指向分别形成了虚拟的路径。所不同的是，枪中可射出子弹，进而沿着虚拟路径发出真实的后续运动；而用相机拍照则形成了沿虚拟路径发出的虚拟运动，其中仅有相机的一小段镜头发生了位移。

另外，照相机的例子不能包含在下文提到的"感觉路径"（sensory paths）中。由于相机瞄准物体的动作与人"观看"的动作不能相提并论，因此，这两种运动在英语中是有差异的。我们一般不能说"瞄准""对准"我们的视线，也不把"观看"的动作理解为首先生成一个目标路径，再沿该路径发出"观看"的动作。

5）注视线

注视线（line of light）是指从一个生命体或机械装置前部的可视装置发出的不可及线。目前的研究多集中在注视线的横向运动（lateral motion）上。通过这种横向运动，注视的方向发生了改变。之所以将注视线归入指向路径而非感觉路径，是因为在描述此种现象时，我们不仅运用了感官动词，也运用了非感官动词 turn。例如：

例 12　I slowly turned/looked toward the door. 我缓缓将视线移向门口。(Talmy，2000)

在例 12 中，"我"的眼睛构成了实际的可视装置，视线发生了旋转，引起了从该实体可视装置发出的射线的横向运动。句中介词则指出了注视线运动的具体路径，即介词 toward 指出了凸体向背衬物体移动的路径。凸体和背衬之间的距离在凸体的运动过程中逐渐缩短，即"我"在向左或向右转头时，注视线确实向门的方向发生了运动，且注视点与门之间的距离也确实得到了缩短。

3.3.2　放射类虚拟运动

我们研究的第二种虚拟源点运动是放射路径（radiation paths）。语言学对放射路径概念化如下：

放射类虚拟运动指由线性物体构成的射线源源不断地从一能量源中释放

而出，并平稳地从该能量源移开，接着影响第二个物体的虚拟运动现象。放射事件由放射物、射线本身和被辐射物三项要素构成。放射事件包含三个步骤：

（1）从放射源中释放出射线。

（2）射线沿某一路径进行运动。

（3）射线对被放射物进行辐射。

放射路径与指向路径的不同之处在于，在指向路径中，从一实体发出的线是完全不可及的，但是在放射路径中，人们常常可以感受到射线的存在。比如，在光线辐射的例子中，我们是可以看到光线的。例如：

例 13 The sun is shining into the cave/onto the back wall of the cave. 阳光照进山洞/照亮山洞内壁。（Talmy，2000）

在例 13 中，太阳充当了放射源，可视的阳光充当了射线。太阳发出的阳光，沿着笔直的路径照到并照亮山洞的内壁。

对这种放射活动的认知完全是一个概念化的过程。虽然物理学家告诉我们阳光在照射物体时确实会发出光子，但是由于我们并不能看到光子的运动，科学定义与概念化的定义在此的相似只能被认为是一种巧合。我们仍应把射线从放射源中释放的运动理解为一种虚拟运动。

对这种放射活动还可以有其他的概念化方式，例如：此种放射路径仍然存在，但射线的位移方向与先前正好相反。我们可以想象一下：所有的物体均包含或产生能量，而太阳吸收这些能量。当太阳与某物体之间存在着一条清晰、笔直的路径时，太阳便能从这个物体那里吸收能量。物体在释放能量时发出光和热，太阳在吸收能量时同样发光发热。泰尔米认为，以上的理解同样具有可行性。事实上，这样的假想是非常必要的，因为人类在解释任何一种现象时，若认为此现象包含从 A 到 B 的不可感知的运动，与此同时，必然可以推出存在着反向的从 B 到 A 的不可感知的运动。

但是，在可行性相当的情况下，我们的认知装置并不认同甚至排斥这种反向的认知顺序。这种反向的认知顺序在语言结构上也得不到体现。由太阳、火、灯光发出射线照射其他物体的认知模式是如此地符合我们的直觉，以至于我们不得不举例说明反向概念化顺序存在的合理性。想象一个木竿和该木竿在地上的影子，通常的认知模式认为，木竿挡住了太阳照在地上的光线，否则太阳将能直射到地面上。而泰尔米认为，反向概念化模式在这里也是可行的：太阳从木竿朝向它的一面吸收了能量，但是由于太阳和木竿背后的一块地面之间没有明显的路径，太阳不能直接从木杆后的地面吸收能量——即木竿阻断了由地面向太阳的能量传输。由于木竿后的一块地面没有散发能量，该块地面没能发光发热，但是该块地面周围的地面由于直接向太阳传输了能量，都在发光发热。

这种反向概念化模式不只是放射路径的唯一可选认知变体。对该模式的概念化定义还包含着很多其他可选变体，且每一种均可对放射路径进行解释。反向概念化模式是通过颠倒虚拟运动的顺序来实现对放射路径的概念化的。例如，我们也可以想象针对放射路径的此种模式，即光从两物体中间的某点发出，并从该点向不同方向进行虚拟运动，同时对不同方向的两个物体产生影响。

3.3.3 影像类虚拟运动

第三类源点路径可被定义为影像路径（shadow paths）。该路径是指语言学的此种概念化模式，即认为在一些平面上可见的物体影像经历了由该物体投射到该平面的虚拟运动过程。例如：

例 14 The tree threw its shadow down into/across the valley. *大树将树影投向/投过山谷。*（Talmy，2000）

例 14 展示了英语中实现此种影像路径所采用的语言结构。在这里指称影像的名词性成分被视为凸体，影像的发出者被视为源点，影像所投射到的平面被视为背衬，在此处也被视为一个目标。该类句式中，谓语多由 throw、cast、project、fall 等动词充当，同时伴有路径介词 into、onto、against、across等的使用。

在放射路径中，由于光子沿着从太阳到物体的方向发生了真实运动，我们可以很自然地联想到虚拟运动的方向也应如此。但是，此种推理并不能推广到影像路径的研究中来，因为粒子物理学中并没有理论认为存在一种从物体向影像移动的"影像粒子"（shadowons）。

3.3.4 感觉路径

感觉路径（sensory paths），包括视觉路径（visual paths），也表现为源点路径的一种。在这种虚拟运动中，两个实体通过认知过程被概念化为感觉者（experiencer）和被感觉者（experienced），且在两实体间存在一些不可及物体沿直线从一实体运动到了另一实体。由于虚拟运动的方向不同，此种感官路径可分为"感受者源点"（experiencer as source）型路径和"被感受者源点"（experienced as source）型路径两种。在前一种类型中，感受者向被感受者发出探测微粒（probe），并在该微粒到达被观察者的时候对之进行观察。在后一种类型中，被感受者向感受者发出刺激物（stimulus），并在该刺激物到达感受者时对他进行刺激。例如：视线既可以被认为是由观看者为了侦察远处物体所发出的探测系统，也可认为是由远处物体向观看者发出的可激活视觉经验的刺激物。

感官路径的这种双向概念化能力在词汇化领域中也得到了体现。例如：

例15　a. Even a casual passerby can see the old wallpaper through the paint. 连匆匆而过的路人也能一眼瞥见油漆下破旧的墙纸。（Talmy，2000）

b. The old wallpaper shows through the paint even to a casual passerby. 即便对一个匆匆而过的路人，旧墙纸也会现出一副脏兮兮的模样。（Talmy，2000）

在例15a中，"see"被词汇化为感觉者做主语、感觉对象做直接宾语的模式，属于感受者充当动作源点的类型。而在例15b中，"show"被词汇化为被感觉对象做主语，而感受者做介词"to"的宾语的形式，属于感受对象充当动作源点的类型。

虽然有以上两种不同方向的感受路径可供选择，视觉路径还是更偏重于感受者做源点的类型。因为在英语中，感受对象作为源点的例子在被听话人理解时往往存在困难，且"show"类动词在数量上也相对少于"see"类动词。此外，英语中的视觉施事动词大量地被词汇化为感受者做主语的形式，该类动词后带方位词组时，也只可采用感受者做动作源点的类型。例如：

例16　a. I looked into/toward/past/away from the valley. 我望入/望向/望过/我的视线离开山谷。（Talmy，2000）

b. *I looked out of the valley（into my eyes）. （where I am located outside the valley）*我站在山谷外，从山谷望向我的眼睛。（Talmy，2000）

在此，"look"被词汇化为感受者做主语的形式，且"look"后带介词表示方位时，也只可采用感受者做动作源点的形式，以感受者为目标的虚拟运动并不存在。

3.4　其他类型的虚拟运动现象

方式路径（pattern paths）涉及认知主体对于空间中某实体的运动方式所

进行的虚拟建构。在此，句子的字面义表征了空间中某实体沿某路径发出的位移运动，而同时常识告诉我们，该物体或者实际上处于一种静止状态，或者其真实运动方式与句子表达相异。例如：

例17　As I painted the ceiling, （a line of）paint spots slowly progressed across the floor. 粉刷房顶的时候，掉落的油漆逐渐形成了一条细线在地板上延伸开来。（Talmy，2000）

相对运动路径（frame – relative motion）与观察者的取景窗口相关，当采用整体取景窗口（global frame）时，句子报道观察者在静止环境中发生的真实运动；而当切换为局部取景窗口（local frame）时，观察者与其所处环境的相对运动关系则发生了换位——真实静止的外部环境被虚拟地建构成了运动状态，并朝向观察者发出了虚拟的位移运动。例如：

例18　I sat in the car and watched the scenery rush past us. 我坐在车中，看景物向身后飞逝。（Talmy，2000）

历时路径（advent path）类虚拟运动的功能在于对某一静止客体的位置特征进行建构，建构方式有以下两种：第一，对该客体位置关系的形成过程进行虚拟（site arrival），如例19a所示；第二，对该客体现有的位置关系加以虚拟展示（fictive manifestation），本质上可以理解为一种虚拟变化，如例19b所示：

例19　a. The palm trees clustered together around the oasis. 棕榈树聚拢在绿洲周围。（Talmy，2000）

b.　This rock formation occurs/recurs/appears/reappears/shows up near volcanoes. 此种岩层经常在火山附近（反复）出现。（Talmy，2000）

通路路径（access path）用于虚拟建构某一物体的位置，其他客体可沿该路径实现对该物体的追踪。在此，常识告诉我们，该物体是客观静止的，并没有其他客体沿追溯路径与该物体相遇。但同时，句子的表达形式则建构了相关客体沿通路路径向该静止物体发出的虚拟位移运动。此时，虚拟位移客体常常表现为人类、人类身体器官或注意力焦点等。例如：

例20　The bakery is across the street from the bank. 从银行对面穿过街就是面包房。（Talmy，2000）

延展路径（coextension/coverage paths）用于对空间中某一处于静止状态的延展物体的构型、方位等特征加以表征。在这种情况中，句子建构了某一虚拟客体沿着该物体，或在该静止物体之上发生的虚拟位移运动，而虚拟路径就表现为该延展物体本身。虚拟客体依照具体情况可分别由观察者、观察者注意力焦点或静止物体本身充当。例如：

例21 The fence goes/zigzags/descends from the plateau to the valley. 篱笆从高原向山谷延伸/曲折伸展/陡然下倾。（Talmy，2000）

3.5 源点类虚拟运动相关原则及其解释

3.5.1 积极度-决定性原则

在源点类虚拟运动现象的各个子类中，两个物体间均存在一条虚拟的路径。我们可以试着确定一个原则来决定哪个物体将被概念化为运动的源点，而哪个物体又会被概念化为位移的终点。泰尔米指出，下面的原则在操作中最为常用：两个物体中积极性和决定性较强的那个物体将被概念化为运动的源点，我们称之为积极度-决定性原则（active-determinative principle）。该原则在上述虚拟运动句中均得到了体现。例如，在放射路径中，太阳和手之间、太阳和洞壁之间，太阳均被认为是较明亮的。这种较高的亮度可被用来论证太阳具有更高的积极度。这样，遵循积极度-决定性原则，太阳将被概念化为穿越空间影响另一物体的射线放射源。该原则可以用来解释为什么语言学上缺乏太阳从其他物体吸收能量的表达方式。

积极度-决定性原则也可以在影像路径中加以运用。在木竿及其影子中，木竿是决定性较强的实体，而影子的依赖性则较强：在完全漆黑和完全明亮的情况下，木竿仍然存在而影子早已消失；此外，当人移动木竿时，影子可随之发生位移，而该效应在影子上则不能体现。所以遵循积极度-决定性原则，带有影子的物体被概念化为影子的生成者，而影子则发生了由该物体向某平面进行投射的虚拟运动。该原则否定了对于影像路径的其他解释，即我们不能认为影子本身或一些不可及的元素从平面移向物理实体，进而产生虚拟运动。

该原则在感受者同时充当施事及被感受宾语的"施事感觉路径"中亦能得到体现。在这种情况中，施事的性质决定了施事的积极性高于无生命或不能充当施事的被观察物。遵循该原则，施事观察者被建构成为虚拟运动的发出者。例如，在前面举过的例子"I looked into the valley"中，"我"被概念化为感受者施事，"山谷"则被概念化为被动的被观察者。在此，观察者被概念化为虚拟感官路径的源点，而这也是对这个句子唯一可做的认知解释。

综上所述，泰尔米认为，物体自身所具有的积极度决定其可否作为虚拟运动的位移源点出现。也就是说，在虚拟运动句中，积极度较高、决定性较强的实体倾向于被建构成为虚拟运动的发出者；相反地，积极度较低、决定性较弱的客体倾向于被建构成为虚拟运动的接受者。该原则是由每个个体均具有的基本认知系统——"施动"（agency）系统决定的。施动被认为包含以下两方面的内容：欲念的产生和欲念的实现。其中，欲念可被理解为人们对通过活动可以产生的新事物的渴望。欲念的实现则指人们所发出真实的行为对于新事物的创造。此种施动过程被认为是积极、带有决定性意义的，对这种施动过程的理解对人们生成积极度－决定性模型具有十分重要的意义。

3.5.2 施动－远距离宾语模型

泰尔米认为，上述施动过程可用施动－远距离宾语模型（agent－distal object pattern）加以表现。在这里，一个施事在产生了运动的欲念后，通过整体上移动身体或移动身体的一部分，或造成某中介物的运动才能影响到一个远距离宾语。而这种运动模型同样适用于积极度－决定性原则。在该原则中，活动能力较高或决定性较强的个体作为虚拟运动的源头，向活动能力较低、决定能力较弱的远距离个体移动。因此，我们可以认为"施动－远距离宾语模型"是"积极度－决定性原则"的基础（或称原型）。

泰尔米认为，该原则在上述六类虚拟位移运动中均得到了体现。在此基础上，泰尔米还对虚拟运动的生成机制进行了揭示，认为虚拟运动的产生源于客观世界中的真实运动在人们的认知域上的投射。这种投射可能是先天具有的，也可能是后天学习的结果。

3.6 本章小结

泰尔米最早关注了语言中真实与虚拟的对立，并对语言和认知中的虚拟表现进行了考察。在《语言和认知中的虚拟运动》一文中，泰尔米对语言和认知中的虚拟运动进行了系统梳理，总结出了六类英语中的虚拟运动现象，并重点对源点类虚拟运动进行了考察。在对语言事实进行描写的基础上，着重对虚拟运动的生成机制进行了挖掘。该文为相关后续研究明确了研究对象并奠定了坚实的理论基础。事实上，相关后续研究多围绕泰尔米所搭建的虚拟框架展开，至今尚未出现针对其他语言中虚拟运动现象所开展的系统研究。

4 汉语延展类虚拟运动句研究

泰尔米（2000）指出，英语中存在一类延展虚拟运动句，用于对空间中某一处于静止状态的延展物体的构型、方位等特征加以表征。在此，句子建构某一虚拟客体沿着该物体，或在该静止物体之上发生的虚拟位移运动，而虚拟路径就表现为该延展物体本身。虚拟客体依照具体情况可分别由观察者、观察者注意力焦点或静止物体本身充当。例如：

例22　a. The fence goes/zigzags/descends from the plateau to the valley. 篱笆从高原向山谷延伸/曲折伸展/陡然下倾。（Talmy，2000）

b. I went/zigzagged/descended from the plateau to the valley. 我从高原向山谷曲折行进。（Talmy，2000）

例23　a. The field spreads out in all directions from the granary. 田地以谷仓为中心向四周延展。（Talmy，2000）

b. The oil spread out in all directions from where it spilled. 油花四溅。（Talmy，2000）

我们看到，例22a对于静止的空间位置关系进行了典型的虚拟建构。我们可将例22a的虚拟模式做如下解析：一方面"篱笆"在真实层面上表现为一个具有特定弧度、方向、位置特征的空间静止线性客体；与此同时，从虚拟角度观察，句子的表达形式建构了一个可及度较低的虚拟运动事件，即观察者的注意力焦点或"篱笆"本身作为虚拟运动主体，以篱笆为路径，朝向山谷深处发出了虚拟延展运动。而当虚拟运动的主体由"我"充当时，句子则建构了真实的位移事件，如例22b所示。同样地，例23a也将"田地"同"谷仓"之间具有的静止位置关系进行了虚拟建构：在此，句子的表现形式使人们感受到了"田地"作为虚拟运动主体发出的延展类虚拟运动意象，即"田地"以"谷仓"为中心，不断向四周延展；而当运动主体由可移动性较强的"油"充当时，例23b则表现为真实的延展类位移事件。

通过观察例句我们发现，汉语在表达空间位置关系时，也存在着此类从人类自身视角出发，将空间中静止位置关系建构成为延展类虚拟运动句的现象。试比较：

例24　京沪线上有我国京、津、沪三大直辖市。（自编）

例25　京沪线纵贯我国京、津、沪三大直辖市。（北京大学 CCL 语料库）

例26　画面中段树木坡石间有一泓湖水，马儿在嬉戏、穿行、泅水，牧人在洗马、引路、守望。（自编）

例27　画面中段有一泓湖水在树木坡石间展开，马儿在嬉戏、穿行、泅水，牧人在洗马、引路、守望。（《世界博览》）

我们看到，在例24、例25中，客观上"京沪线"和"三大直辖市"之间存在着真实静止的位置关系。而句子的表现形式将此种静止的位置关系做了不同的建构：在例24中，客体之间仍表现为静止的空间位置关系，不存在虚拟运动现象；而例25则虚拟了"京沪线"在南北方向上延伸的运动意象。同样地，例27将"湖水"与"树木坡石"间穿插的位置关系建构成了"湖水"作为运动主体发出的延展类虚拟运动。

在本章中，我们将依托虚拟运动的概念，集中考察汉语中存在的例25、例27类虚拟运动现象，即讨论汉语将空间客体间静止的位置关系建构成为延展类虚拟运动的语言现象。在下文的论述中，我们将试图挖掘汉语中存在着的延展类虚拟运动现象，并分别对此类虚拟现象句的句法框架、此类虚拟现象涉及的主要空间位置关系类型以及生成此类虚拟运动现象的原因和机制进行探讨。

4.1　汉语延展类虚拟运动句的界定标准

本书依据泰尔米（2000）的"总体虚拟模式"，提出以下三条判定延展类虚拟运动句的标准：

第一，在客观上，空间中的实体并未发生物理位移，即客体之间存在着真实静止的位置关系。

第二，在主观上，句子的表达形式建构了空间中某一客体充当虚拟运动主体发出的延展类虚拟运动现象，且位移路径与虚拟运动主体相重合（即虚拟运动路径表现为虚拟运动主体本身）。

第三，客观静止的真实度高于主观的虚拟运动。

试观察例句：

例28　这条铁路一直延伸到国境线。（《现代汉语词典》第五版，2005）

例29 一条窄窄的步行街横穿小城，沿街布满了礼品店、泳装店和玩具店。(《世界博览》)

可以看到，在以上例句中，客观上客体之间存在着真实静止的空间位置关系，如"铁路"和"国境线"、"步行街"和"小城"之间并没有发生真实的物理位移运动。而在真实度较低的主观层面上，句子的语言形式将此种静止的空间位置关系虚拟成了运动关系：例28成功地建构了"铁路"朝向"国境线"发出的延展类虚拟运动，且虚拟路径同"铁路"相重合；而例29则将"步行街"与"小城"之间的穿插位置关系建构成了"步行街"作为虚拟运动主体发出的位移运动，虚拟路径表现为"步行街"本身。我们由此判定，例28、例29表现为典型的延展类虚拟运动句。

4.2 汉语延展类虚拟运动句的句法框架

依托上文提出的界定标准，我们观察例句发现，汉语延展类虚拟运动句主要涉及普通动词谓语句（NP$_1$ + VP + NP$_2$）及介词短语补语句（NP$_1$ + V + PP）两类句式。其中，NP$_1$表现为虚拟运动的主体，为虚拟运动提供路径；VP用于凸显虚拟运动的方式；而NP$_2$则表现为延展类虚拟运动的作用对象，同PP的功能相同，均为虚拟运动的发生提供了场景及背衬。试观察例句：

例30 这条公路贯穿本省十几个县。(《现代汉语词典》第五版，2005)

例31 陇海铁路横贯我国中部。(《现代汉语词典》第五版，2005)

例32 整个神农索堡实际上就是一座桥，它的左右两翼分跨卢瓦尔河支流察尔河两岸，被誉为"停泊在察尔河上的船"。(《世界博览》)

例33 麦田一直伸展到远远的天边。(《现代汉语词典》第五版，2005)

例34 100多年前，这里还只是伸向大洋的一座普通小渔村，如今，由于设在此地的美国最著名的两座海洋研究机构，这个小村庄已作为海洋研究重地而闻名于世。(《世界博览》)

例35 这些温泉大多分布在同一条地质断层上，从吉勒特山绵延到多瑙河上的玛格丽特岛。(《世界博览》)

我们看到，虽然同为典型的延展类虚拟运动句，例30至例35所具有的句法框架却并不相同。例30至例32表现为普通的动词谓语句，句法框架可提炼为"NP$_1$ + VP + NP$_2$"：其中，虚拟运动主体分别由"公路"、"铁路"及

"神农索堡"充当,三者同时表现为虚拟运动的路径;"本省的十几个县""我国中部"及"察尔河两岸"为虚拟运动的发生提供了背衬;句中的 VP 则表征了虚拟运动发生的方式,如句中核心动词"贯穿"、"横贯"及"分跨"均对虚拟运动的方向信息进行了凸显。

而例 33 至例 35 的句法框架则表现为"$NP_1 + V + PP$",在此,句中只出现了充当虚拟运动主体的"麦田"、"小渔村"及"玛格丽特岛",相关背衬信息由句中的介宾补语提供。例如,例 33 至例 35 中的"天边"、"大洋"及"多瑙河"便为虚拟运动的发生提供了广阔的空间场景。在此,句中的核心动词"伸展"、"伸"及"绵延"同样对虚拟运动的发生方式进行了凸显,然而与例 30 至例 32 不同的是,此类 VP 所表征的虚拟运动具有一定的非及物性,未能作用于空间中的其他客体并对其施加影响。

在下文的论述中,我们将分别对延展类虚拟运动句中 NP_1、NP_2、VP、PP 等各个构成要素的语法、语义特征加以概括,以期总结出汉语延展类虚拟运动句的句法框架。

4.2.1　汉语延展虚拟运动句中 NP_1 的语义特征

我们首先讨论延展类虚拟运动句中充当虚拟运动主体的 NP_1 的语义特征,试比较下面两组例句:

例 36　铁路穿过山洞,向远方延伸。(自编)

例 37　火车穿过山洞,向远方驶去。(自编)

例 38　公路盘山而上。(《现代汉语词典》第五版,2005)

例 39　汽车盘山而上。(自编)

例 36、例 38 成功地对 NP_1 与 NP_2 之间客观存在的静止位置关系进行了虚拟,使人们从中感受到真实度较低的虚拟运动。如例 36 将"铁路"和"山洞"之间穿插的位置关系虚拟成了"铁路"在垂直于"山洞"纵剖面方向上的延展运动;例 38 则将"公路"和山体表面之间覆盖的位置关系虚拟成了"公路"沿山势螺旋向上位移的意象。

例 37、例 39 表达的则是真实的运动事件。如在例 37 中,"火车"在垂直于"山洞"纵剖面方向上发生了真实的位移运动;在例 39 中,"汽车"也发生了沿山势螺旋向上的真实位移运动。

以上例句均符合"$NP_1 + VP + NP_2$"的语法结构,且各组中的例句均具有相同的谓语动词。我们由此可以断定,其中 NP 的不同语义特征决定了是否生成虚拟运动现象。

观察例36、例38可以发现，充当NP₁的名词均具有"－生命""－移动"的语义特征，如"铁路""公路"均是无生命物体，且永久静止于某一位置，在空间上不具备可移动性。这样NP₁与NP₂之间的位置关系一旦形成，便具有稳定性，NP₁或NP₂不可能再作为真实的运动主体出现。这便为NP₁与NP₂形成真实静止的位置关系提供了前提。

相反，在例37、例39中，作为虚拟运动主体充当NP₁的名词具有"＋移动"的语义特征。如"火车""汽车"虽是无生命物体，但在空间上具有较高的可移动性。这样NP₁与NP₂之间就由于其中一方的自主可移动性，而不能形成稳定的静止位置关系，这便为以NP₁或NP₂为运动主体的真实运动提供了前提。

由此可见，汉语在将空间客观静止的位置关系建构成为延展类虚拟运动时，进入相应语法结构的NP₁应具有"－生命""－移动"的语义特征。

同时，我们看到，一个空间上不可移动的无生命客体，若欲和另一静止客体生成诸如覆盖、穿插、连接等位置关系，通常要求该客体在构型上具有"＋狭长"的语义特征或者在虚拟层面上具有较强的可延展性，而后者一般需要通过占据较为广阔的地理空间才可实现。我们看到，在上文列举的延展类虚拟运动句中，例25中的虚拟运动主体"京沪线"，例28、例31和例36中的虚拟运动主体"铁路"，以及例30、例38中的虚拟运动主体"公路"均具有空间上的狭长性特征。而例33中的虚拟运动主体"麦田"则占据了广阔的地理空间，具有很强的可延展性。我们看到，NP₁的这一构型特征也可通过句中的其他相关成分得以凸显。试观察例句：

例40 我和几个同伴又去爬了附近的一座小冰川。不高，但是绵延很长。（《世界博览》）

例41 他好像刚从京剧团的化妆室里溜出来，两条长长的黑色眉毛斜斜地划过涂得过白的额头。（《世界博览》）

例42 拖拉机留下的痕迹延伸了几千公里，像这片脆弱、精美土地上的伤痕。（《世界博览》）

例43 我们离开雅库茨克，重新回到严酷的荒野。雅库特大草原满是灰绿色的灌木和沙土沼泽，一望无际地向西伸展开去，气温已经降到冰点，我们只能拿出准备多时的红辣椒味伏特加酒，靠辣椒和酒精的双重热力暖暖身

子。(《世界博览》)

可以看到，在例40、例41、例42中，"很长""长长的""几千公里"等修饰成分分别凸显了虚拟运动主体"冰川"、"眉毛"及"痕迹"的狭长性构型特征。而例43中的状语"一望无际"也强调了"雅库特大草原"所占据地理空间的辽阔性。

综上，充当延展类虚拟运动句中虚拟运动主体的 NP_1 应具有"－生命""－移动"的语义特征，且一般具有"＋狭长"的构型特征或占据较为广阔的地理空间。我们认为，NP_1 的上述语义特征同延展类虚拟运动句的生成机制密切相关，我们将在4.3节详细加以讨论。

4.2.2　汉语延展虚拟运动句中 NP_2 及 PP 的语义特征

我们将延展类虚拟运动句中 NP_2 及 PP 所具有的语义特征共同加以讨论的主要原因在于，二者的功能均表现为充当延展类虚拟运动的背衬，为虚拟运动的发生提供空间场景。通过观察例句我们发现，同充当虚拟运动主体的 NP_1 相同，NP_2 与 PP 中的名词成分同样具有"－生命""－移动"的语义特征。然而，同 NP_1 不同的是，NP_2 同 PP 中的名词成分一般不表现为狭长的线性客体，且较之 NP_1，它们通常需要占据更为广阔的物理空间，具有"＋处所"性。试观察以下例句：

例44　仰望星云密布的夜空，一条银丝带横贯天空，让人想起牛郎织女的相会。(《世界博览》)

例45　这儿的钟塔像一个巨大的惊叹号一般伫立在海滨之上，伸向天空，钟塔完全以西班牙塞维利亚的吉拉尔达贝尔塔为蓝图设计建造。(《世界博览》)

我们看到，在例44中，"一条银丝带"（即银河）同"天空"均表现为空间中的静止客体，且二者的位置关系相对稳定。而句子的表现形式将二者之间的位置关系建构成了"银河"作为虚拟运动主体发出的延展类虚拟运动，运动的路径与"银河"的构型相重合。在此句中，与充当凸体的"银河"不同的是，句中充当背衬的"天空"并不表现为狭长的线性客体，为相关虚拟运动提供了广阔的空间背景。在例45中，"钟塔"同"天空"客观上存在着静止的位置关系，在此，句子建构了"铁塔"的虚拟延展意象，充当虚拟运动背衬的"天空"较之"铁塔"明显占据更为广阔的空间背景。

4.2.3 汉语延展虚拟运动句中 VP 的语义特征

我们认为，汉语延展类虚拟运动句的作用在于对空间中线性客体的整体构型特征加以表征。在此类虚拟运动句中，空间中线性客体所具有的构型特征并不是凭借句中定语、补语等修饰成分直接加以体现的，例如，我们即使在句中不为 NP 附加相应的定语修饰语（如"长长的国界""狭长的铁轨"等），也能实现对其空间延展特征的凸显。由于该延展客体在空间上与虚拟运动的路径相重合，其空间构型特征实际上是通过虚拟运动路径加以体现的。我们知道，路径是虚拟位移运动的轨迹，因而，NP 的不同构型特征同句中的核心动词有着非常紧密的联系。也就是说，延展类虚拟运动句中 VP 的语义特征间接反映了充当虚拟延展客体的 NP 的构型特征。为了更好地观察汉语延展类虚拟运动句中动词所具有的语义特征，我们首先观察下列例句：

例 46 凡尼斯大道贯穿全市南北中轴线，正好是一条"天然"的隔离带。(《世界博览》)

例 47 宫门上方 60 米高的哥特式钟楼直插云霄。 （北京大学 CCL 语料库）

例 48 伊斯坦布尔也就成了世界上唯一一个横跨两大洲的城市。(北京大学 CCL 语料库)

例 49 大别山绵亘在河南、安徽和湖北三省的边界上。(《现代汉语词典》第五版，2005)

例 50 蔚蓝的天空铺展着一片片的白云。(《现代汉语词典》第五版，2005)

例 51 大路伸向远方。(北京大学 CCL 语料库)

例 52 一望无际的绿野，像一块巨大的绿毯直铺向天边。(北京大学 CCL 语料库)

例 53 公路一直延展到江边。(《现代汉语词典》第五版，2005)

例 46 至例 53 从真实度较低的虚拟角度，对空间中静止客体之间的位置关系进行了重新建构：在例 46 中，"贯穿"建构了虚拟运动主体"凡尼斯大道"在南北方向延伸的意象；在例 47 中，"插"表现了虚拟运动主体"钟楼"沿垂直于静止客体生成平面方向延伸的意象；例 48 中的"横跨"则表现了虚拟运动主体"伊斯坦布尔"在水平方向上延伸的意象；例 49、例 50 中的

"绵亘""铺展"将"大别山"同"边界"、"白云"同"天空"之间覆盖的静止位置关系分别建构成了"大别山""天空"作为虚拟运动主体发出的延展类虚拟运动；例51至例53中，"伸""铺""延展"等也表现了虚拟运动主体"大路""绿野""公路"朝向另一静止客体延伸的意象。

由此我们可以得出这样的认识：首先，此类发生空间位移的虚拟运动句中的动词，均表现了虚拟运动主体沿某一方向延伸，继而产生空间位移的意象。动词具有"＋位移"的语义特征，如"贯穿""横跨""铺"等动词所表征的动作，均会生成一段狭长的位移路径。

其次，句中核心动词在表征位移的同时，也应具有"＋方式"的语义特征。从表层上看，动词中包含的方式信息对虚拟运动主体的运动方式进行了说明；而方式信息的深层意义还在于对空间中静止客体的延展方式加以凸显，即进一步明确该静止延展客体的方向、面积等其他构型特征。其中，静止客体的方向是通过句中核心动词的方向性特征加以表现的。例如：例46、例47中的核心动词"贯穿"和"插"表明句中的静止客体——"凡尼斯大道"和"哥特式钟楼"在空间上具有垂直的走向；而在例48中，核心动词"横跨"具有的方向性特征则凸显了"伊斯坦布尔"所据空间的水平性构型特征。同时，延展类虚拟运动句中的核心动词还可对空间中静止客体的面积特征加以表征。例如，例49、例50中的核心动词"绵亘""铺展"便凸显出静止客体"大别山""白云"占据物理空间较为广阔的特点。

最后，此类发生空间位移的虚拟运动句中的动词用以表征持续延展的运动意象，具有"＋无界"的语义特征。动词的此种时体特征主要表现在以下几个方面：

第一，动词所表征的动作本身不具备自然完结点，按照马庆株（2005）的分类，一般属于强持续性动词，具有"＋持续"的语义特征。例如，例46至例53中的动词"贯穿""横跨""绵亘""铺展""延展"等均表现为强持续性动词；例47中的动词"插"在一定语境下也可表征无界动作。

第二，延展类虚拟运动句中的核心动词一般不附加其他时体成分，如果附加时体成分，一般也仅限于持续体标记"着"。核心动词不与"了""过""来着"等有界时体标记共现。试观察下面例句：

例54 这哥们儿出生在巴西和乌拉圭的边境线上，国界横穿他出生的小镇，因而，一个巴掌大的镇子却有两个名称，乌拉圭那边叫 Rivera，标准的西班牙语，巴西那一半叫 Sant'ana do Liveramento，标准的葡萄牙语。(《世界博览》)

例 55　*这哥们儿出生在巴西和乌拉圭的边境线上，国界横穿了/过他出生的小镇（来着），因而，一个巴掌大的镇子却有两个名称，乌拉圭那边叫 Rivera，标准的西班牙语，巴西那一半叫 Sant'ana do Liveramento，标准的葡萄牙语。(自编)

例 56　远处，两条铁轨没有表情地延伸着。(《世界博览》)

例 57　*远处，两条铁轨没有表情地延伸了/过/来着。(自编)

我们看到，例 54、例 56 采用虚拟运动的方式对"国境"与"小镇""铁轨"与"远处"之间的位置关系进行了重构。在例 54 中，"国界"同"小镇"在真实层面上存在着静止的位置关系，当句中核心动词"横穿"不附加任何时体标记时，其本身所具有的"＋无界"的时体特征恰好同句子真实层面上的静止特征相吻合，继而成功建构了"国界"作为虚拟运动主体在"小镇"持续延展的意象；而当核心动词附加过去体标记"了""过""来着"后，动词与体标记所具有的时体特征便会出现矛盾，从而使句子无法成立，如例 55 所示。同样地，在例 56 所表征的空间位置关系中，"铁轨"的狭长、延续等构型特征通过体标记"着"得到了凸显，而当核心动词与"了/过/来着"等有界性体标记共现时，二者时体特征的矛盾便会使句子由于整体时体特征混乱而无法成立。

4.2.4　小结

综上，我们在总结延展类虚拟运动句句法框架的基础上，对进入该句法框架的各组成要素的语法意义进行了概括。我们认为，延展类虚拟运动句主要涉及普通动词谓语句（$NP_1 + VP + NP_2$）及介词短语补语句（$NP_1 + V + PP$）两类句式。其中，充当延展类虚拟运动句中虚拟运动主体的 NP_1 应具有"－生命""－移动"的语义特征，且一般具有"＋狭长"的构型特征或占据较为广阔的地理空间。而充当延展类虚拟运动背衬的 NP_2 及 PP 一般不表现为狭长的线性客体，且较之 NP_1 通常需要占据更为广阔的物理空间，具有"＋处所"性。同时，进入延展类虚拟运动句句法框架的 VP 还应具有"＋位移"、"＋方式"以及"＋无界"的语义特征。现将延展类虚拟运动句的句法框架概括为表 4－1：

表 4 - 1　延展类虚拟运动句的句法框架

虚拟运动类别　　　　　句法框架	延展类虚拟运动句
涉及句式	$NP_1 + VP + NP_2$　/　$NP_1 + V + PP$
虚拟运动主体（NP_1）	"-生命""-移动""+狭长"
虚拟运动背衬（NP_2/PP）	"-生命""-移动""+处所"
虚拟运动方式（VP）	"+位移""+方式""+无界"

4.3　汉语延展类虚拟运动句涉及空间静止位置关系的基本类型

下面我们将集中讨论汉语延展类虚拟运动句所涉及的空间静止位置关系的基本类型，即考察汉语运用延展类虚拟运动的方式，重新建构那些客观静止实体之间的空间位置关系。通过观察，我们发现，在延展类虚拟运动句中，NP_1 同 NP_2 之间主要构成了覆盖、连接、穿插三种静止的空间位置关系，下面分别加以讨论。

4.3.1　NP_1 与 NP_2 之间呈覆盖关系

在此类静止的空间位置关系中，虚拟运动主体在空间上覆盖于静止客体之上，并在静止客体的表面发生了虚拟位移运动，虚拟运动生成的路径就是虚拟运动主体呈现出的形态本身。在此种位置关系中，虚拟运动的主体充当了凸体，静止的客体充当了背衬，为虚拟运动提供了场所。例如：

例 58　高架路贯穿上海市区繁华地段，需要动迁 1.8 万户居民近 10 万人。（北京大学 CCL 语料库）

例 59　京九铁路纵贯江西省 5 个地市、22 个县（市），长达 720 多公里。（北京大学 CCL 语料库）

在例 58、例 59 中，"高架路" 和 "京九铁路" 表现为可移动性较弱的静止客体，且分别铺设于 "上海市" 和 "江西省" 境内。在此，句中静止客体之间的此种覆盖关系，被分别建构成了 "高架路" 在 "上海市" 境内、"京九铁路" 在 "江西省" 境内延伸的运动意象，形成了延展类虚拟运动句。

4.3.2　NP_1 与 NP_2 之间呈连接关系

在此类静止的空间位置关系中，充当虚拟运动主体的 NP_1 同充当虚拟运动背衬的NP₂呈现连接关系。在此，NP₁的一端或两端在空间上与NP₂相连，句子建构了NP₁朝向NP₂发出的延展类虚拟运动，且虚拟运动的终点就是虚拟运动主体NP₁与静止客体NP₂的连接点。例如：

例60　今天的西西伯利亚，条条输油管道纵横交错，这些管道有的一直延伸到法国、德国和意大利。（北京大学CCL语料库）

例61　方圆十几英里，凡是没有树林的公路两旁，到处可见德克里树立的木质鸟巢，甚至延续到私人的牧场和池塘旁边。（《世界博览》）

例62　沙漠一直漫延到遥远的天边。（《现代汉语词典》第五版，2005）

例63　只有在一些稍稍平缓的河道处，偶然抬起头的时候，会看到头顶上方的蓝天、白云，还有一些钢索吊桥跨越在青翠的两山之间，有人和牛羊从上面晃晃悠悠地走过。（《世界博览》）

在例60、例61中，客观上"管道"与"法国、德国和意大利"、"鸟巢"和"私人的牧场和池塘"之间均存在着真实的交汇点，在此，句子的表现形式将虚拟运动主体同背衬之间此种相互连接的位置关系建构成为延展类虚拟运动。在例62中，"沙漠"同"天边"之间则存在着视觉上的连接，"沙漠"作为虚拟运动主体发出了以"天边"为终点的延展类虚拟运动，且虚拟运动的路径就表现为"沙漠"本身。同以上例句略有不同的是，在例63中，充当虚拟运动主体的"钢索吊桥"两端均分别与背衬"山"相连，二者之间相互连接的位置关系在此被建构成了"吊桥"发出的延展类虚拟运动。

4.3.3　NP₁与NP₂之间呈穿插关系

在此类静止的空间位置关系中，充当虚拟运动主体的NP₁在空间上插入或穿过充当虚拟运动背衬的静止客体NP₂，句子建构了虚拟运动主体插入或穿过静止客体而形成的延展类虚拟运动，且虚拟运动的路径就表现为NP₁本身。此时，充当虚拟运动背衬的NP₂可表现为二维或三维空间。例如：

例64　途经萨郎山口时已是黑夜，公路从这里穿山而过，目测约有四五公里的长度。（《世界博览》）

例65　成排成行的绿树直刺蓝天。（北京大学CCL语料库）

例66　年代悠久的古城堪比高大的长青乔木，精致婉约的小镇是茂密蓬松的灌木，而掩映于滨海、山谷地带的小村庄则是那翠绿的爬藤，在林间穿针引线，盘旋往复。（《世界博览》）

例67　高速公路从隧洞出来，高架桥穿过市区，桥桥洞洞连接成长长的

空中走廊。(《世界博览》)

观察上述例句可以发现，在例64中，"公路"和"萨郎山"之间存在着真实的穿插关系；在例65中，"绿树"和"蓝天"之间则存在着视觉上的穿插关系。在此，句中静止客体之间的这种穿插的位置关系，被分别建构成为"公路"沿"萨郎山"纵剖面和"绿树"在垂直方向上发出的虚拟延展运动。我们认为，在主观层面上，可以将例65中充当虚拟运动背衬的"蓝天"认定为一个二维平面，而在例66、例67中，充当虚拟运动背衬的"古城"、"小镇"以及"市区"则表现为更为典型的三维空间。在这里，客观上，"小村庄"同"古城"、"高架桥"同"市区"之间具有穿插的位置关系，而句子的表现形式则将此种位置关系分别建构成了"小村庄""高架桥"作为虚拟运动主体，在"城镇""市区"等构成的三维空间之间穿行的场景，进而构成了典型的延展类虚拟运动句。

综上，我们认为，汉语采用延展类虚拟运动句的方式，主要对空间静止客体之间构成的覆盖、连接和穿插三类位置关系进行了建构。事实上，从例58至例67可以看出，在对静止客体之间的上述空间位置关系进行说明时，延展类虚拟运动句也表现为人们偏向采用或唯一能够采用的表述形式，真实度较高的存现句则往往无法对空间中静止客体之间构成的上述位置关系加以精确定位。

4.4 汉语延展类虚拟运动句中虚拟运动的生成原因和机制

在本章的4.2、4.3两节中，我们分别对延展类虚拟运动的句法框架和其涉及的空间位置关系类型进行了总结。下面我们将针对汉语延展类虚拟运动句，探讨汉语在采用此类句式建构覆盖、连接、穿插等空间静止位置关系时，虚拟运动的生成原因和发生机制。

4.4.1 汉语延展类虚拟运动句中虚拟运动的生成原因

我们看到，在运用延展类虚拟运动句对静止空间位置关系进行报道时，会生成真实度不等的两种相互矛盾的认知表现：在真实层面上，空间中的客体长期处于静止状态，并未发生位移运动；同时，在真实度较低的虚拟层面上，句子的表达形式将空间中客体之间覆盖、连接、穿插等静止位置关系建构成了延展虚拟运动的结果。真实的认知经验来源于人类积累的关于空间位置关系的常识；那么，延展类虚拟运动句对于虚拟运动的建构能力又从何而来呢?

观察汉语延展类虚拟运动句的句法框架,我们可以发现,该句法框架对虚拟运动的生成能力不是单独由进入该框架的 NP_1、NP_2 或句中核心动词的语义特征带来的,而是框架中各组成部分所具有的语义特征相互组合、相互作用的结果。

具体地讲,汉语将空间中客观静止的位置关系虚拟成为位移运动时,进入相应句法框架的 NP_1 和 NP_2 具有"-生命""-移动"的语义特征,而动词具有"+位移"的语义特征。在此,NP_1、NP_2 的非移动性语义特征与动词所具有的位移性语义特征发生冲突,NP_1、NP_2 与动词的共现必然会引起句子整体语义特征的不和谐。这就要求人们主观上对句子各组成部分所具有的语义特征进行整合,而整合的结果便是人们主观上接受了由客观静止的、不可移动客体发出的位移运动,从而建构了虚拟空间中静止客体发出的延展类虚拟运动。

例如,在例 33"麦田一直伸展到远远的天边"中,构成虚拟运动主体和静止客体的"麦田"和"天边"在空间上不具有可移动性,这就与句中动词"伸展"所具有的"+位移"的语义特征发生了冲突,人们通过整合句中 NP和动词的语义特征,在主观上接受了由"麦田"发出的位移运动,从而将"麦田"和"天边"视觉上的连接位置关系建构成了由麦田发出的延展类虚拟运动。又如,在例 29"一条窄窄的步行街横穿小城,沿街布满了礼品店、泳装店和玩具店"中,客观上,"步行街"和"小城"均表现为静止客体,二者具有"-生命""-移动"的语义特征,这种特征同句中核心动词"横穿"具有的"+位移"语义特征相冲突。人们通过整合接受了真实度较低的表达方式,主观上将"步行街"和"小城"之间具有的真实穿插位置关系建构成了"步行街"作为虚拟运动主体发出的延展类虚拟运动。

4.4.2 汉语延展类虚拟运动句中虚拟运动的生成机制

我们认为,从本质上讲,语言中虚拟运动现象可以理解为客观世界中存在着的真实运动投射到人类认知经验层面,进而外化至语言层面的产物。其中,客观世界中存在着的真实运动为虚拟运动提供了原型,并规定了虚拟运动的发生方式。

根据 4.3 节的论述,延展类虚拟运动句主要表现运动主体和静止客体之间存在着的覆盖、连接、穿插等真实静止的位置关系,根据上文提出的汉语延展类虚拟运动句的句法框架，进入此类虚拟运动句的虚拟运动主体一般具有"＋狭长"的语义特征。我们知道，人类在观察空间中某一狭长客体同另一客体之间构成的覆盖、连接、穿插等静止位置关系时，视线也倾向于沿该狭长客体延展的方向进行移动，对其进行全程或局部的次第扫描，并且视线真实移动所生成的位移同该狭长客体相重合。语言是人类认知过程的外化，在此，人类视觉的此种真实运动经验必然会作为一种运动模型投射到人们的认知经验上，这种认知经验外化到语言，就会继而生成这样的表达方式，即：将静止客体间特定的空间位置关系建构成为延展类虚拟运动。也就是说，汉语以观察者视线的真实运动为原型，建构了具有"＋狭长"语义特征的客体沿自身延展方向发生位移运动的意象。观察者视线的真实移动向认知层面、语言层面的投射是生成延展类虚拟运动句的内在机制。

　　在延展类虚拟运动句建构的三类空间位置关系中，观察空间中两个静止客体之间存在着的覆盖与被覆盖的位置关系时，人类的视线倾向于以被覆盖客体为背衬，沿着狭长客体的延展方向移动，对其进行次第扫描。这时，视线真实移动所生成的位移就表现为该狭长客体本身。例如：在例38"公路盘山而上"中，观察者的视线以"山"为背景，沿公路延展的方向对其进行扫描，在此，观察者视线发生了真实的位移运动。又如，在例44"仰望星云密布的夜空，一条银丝带横贯天空，让人想起牛郎织女的相会"中，观察者以广阔的夜空为背景，对"银河"进行了次第扫描，视线发生的真实位移运动投射到语言层面，便形成了"银河"作为虚拟运动主体发出的延展类虚拟运动。

　　在观察空间中两静止客体之间存在着的连接的位置关系时，人类的视线沿着狭长客体延展的方向移动，并最终停止于两客体的连接处。例如：

　　例68　火车一离开哥本哈根市区，郊野的气息就扑面而来。列车在厄勒海峡边飞驰，左侧是大片大片的麦田和墨绿浓郁的橡树林，右侧的地势缓缓向下向海边展开，铺满茵茵绿草和零散的树林，透过树林的间隙可以见到海岸边一座座小别墅和停泊在岸边的私人游艇。（《世界博览》）

　　例69　当我们极目远眺法国皇家花园那一直延伸到天际的景色时，犹如在望远镜中窥视那浩瀚无垠的太空。（《世界博览》）

　　在例68中，观察者视线沿"海峡右侧的林地"进行次第扫描，直至触及"林地"同"海边"地理上的真实交接点"海岸"，该扫描过程才最终结束。

在例69中，虚拟运动主体"法国皇家花园"同背衬"天空"之间仅存在着视觉上的交汇点，而观察者对于虚拟运动主体的次第扫描也止于该点。

在观察空间中两静止客体之间存在着的穿插的位置关系时，观察者的视线同样沿着狭长客体的延展方向移动，并和该客体一起插入或穿越了另一静止客体；例如，在例36"铁路穿过山洞，向远方延伸"中，观察者对"铁路"进行次第扫描时，其视线沿着铁路延展的方向和铁路一起穿越了山洞。又如，在例47"宫门上方60米高的哥特式钟楼直插云霄"中，观察者也采用仰视的视角对空间中狭长客体"哥特式钟楼"进行了次第扫描。观察者视线的真实移动投射到语言层面，建构了延展类虚拟运动意象。

我们也可以观察到这样一类延展虚拟运动句，句中静止的虚拟运动主体由山脉、自然保护区、铁路线等充当。在这种情况中，由于NP₁的面积过于庞大，观察者并不能对其进行真实的全景视觉扫描。我们认为，在此类虚拟运动句中，观察者对于虚拟运动主体的次第扫描是在头脑中完成的，即观察者根据自身对于NP₁构型特征的认知，将视线的真实运动经验投射到了心理层面，在头脑中对狭长构型特征的虚拟运动主体进行了次第扫描。例如：

例70 冰岛正好位于大西洋中脊的上方，大西洋中脊是大西洋裂谷中部隆起的海岭，而大西洋裂谷从北极一直延伸到南极。（《世界博览》）

例71 这些温泉大多分布在同一条地质断层上，从吉勒特山绵延到多瑙河上的玛格丽特岛。（《世界博览》）

我们看到，在例70、例71中，"大西洋中脊"以及"温泉带"均占据广阔的地理空间，报道者并不具备对其进行真实扫描的条件。在此，报道者首先根据常识将"大西洋中脊"和"温泉带"判断为狭长静止客体，继而根据真实生活中对于狭长客体的视觉认知经验对二者进行了心理层面的次第扫描。此种认知模式投射到语言层面，便建构了"大西洋中脊"及"温泉带"作为虚拟运动主体不断延展的意象。

4.4.3 小结

综上，我们认为，在汉语延展类虚拟空间静止位置关系句的句法框架中，进入框架的NP和核心动词具有的语义特征相互冲突，因而人们在主观整合句子整体表达意象的同时，引发了虚拟运动的生成。同时，人类视线的真实运动经验向认知、语言层面上的投射表现为此类虚拟运动句中虚拟运动的深层生成机制。

4.5　本章小结

　　一直以来，人们多用拟人等修辞手法对本章讨论的延展类虚拟运动现象进行诠释。在此，本书依托泰尔米（2000）提出的虚拟运动概念，从虚拟运动的角度探讨了这一语言现象。通过分析，本章总结了汉语延展类虚拟运动句的句法框架，并依托此框架归纳出了汉语延展类虚拟运动句涉及的覆盖、连接、穿插等三类常见的空间静止位置关系，同时对汉语延展类虚拟运动句中虚拟运动的生成原因和机制进行了尝试性的解释。我们认为，延展类虚拟运动现象在人类多种语言中均有所体现，是语言中比较常见的虚拟运动现象之一，对其进行研究对于虚拟运动的类型学研究是十分有益的。

5 汉语姿势类虚拟运动句研究

泰尔米在对英语中存在的虚拟运动现象进行系统考察时，重点关注过以下虚拟运动现象，我们再看一下前文的例子：

例 8 The cliff wall faces toward/away from/into/past the valley. 崖壁朝向/背向/面对山谷。（Talmy，2000）

例 10 The arrow on the signpost pointed toward/away from/into/past the town. 路标上的箭头指向小镇/指向与小镇相反的方向。（Talmy，2000）

在其建构的虚拟运动体系中，泰尔米将例 8、例 10 类虚拟运动现象归纳为源点类虚拟运动句（emanation path）中的指向类虚拟运动（orientation paths）。其中，例 8 又可进一步归入意象路径（prospect paths）。在此，"崖壁"和"山谷"之间存在着真实静止的位置关系，而句子的表现形式将这种真实静止的位置关系进行了重构。具体地讲，在例 8 中，人们可以感知到这样一种真实度较低的场景：一些可及度较低的物体从崖壁的横断面发出并沿介词所指示的方向向山谷移动。

而例 10 则表现为标准的指示路径（demonstrative paths）。在例 10 中，"箭头"充当了具有点状端点的线性物体，从箭头发出的不可及直线沿着介词所规定的方向延伸，以指引人们的注意力、眼神向该方向发出真实运动。

我们知道，一个完整的运动过程包括动力源点、运动方向、运动强度、运动方式、位移终点等信息。可以看到，泰尔米对于上述虚拟运动的分类是基于可否找到明确的动力源点展开的。由于例 8、例 10 均表现为从某源点发出的不可及物体所生成的虚拟运动现象，泰尔米将二者共同归入了源点类虚拟运动句。

在此章中，不同于泰尔米的分类标准，我们计划从虚拟运动的运动方式角度出发，对相关虚拟运动现象进行归类。我们认为，此类虚拟运动现象存在着一项重要共性，即均将空间中静止客体之间的位置关系建构成了人类发出的各种静态姿势。例如，在例 8 中，句子的表现形式将"崖壁"和"山谷"之间的位置关系建构成了人类脸部发出的姿态"朝向"；而例 10 则将"箭头"和"小镇"之间真实存在的指示类位置关系虚拟成了人类手部发出的动作

"指"。通过观察例句我们发现，汉语在建构空间静止位置关系时同样存在着大量例8、例10类虚拟运动现象，试观察下列例句：

　　例 72　a. 如同她美丽的女性化名字，皮亚娜是一座美丽、静谧的小山庄，她坐落在海拔438米的山坡上，俯瞰着波尔多海湾，面对着斯坎多拉半岛，距离南部的科西嘉首府阿亚克肖78公里，往北84公里就是科西嘉岛上另一个美丽的小镇卡尔韦。（《世界博览》）

　　b. 如同她美丽的女性化名字，皮亚娜是一座美丽、静谧的小山庄，她位于海拔438米的山坡上，下方是波尔多海湾，对面是斯坎多拉半岛，距离南部的科西嘉首府阿亚克肖78公里，往北84公里就是科西嘉岛上另一个美丽的小镇卡尔韦。（自编）

　　例 73　a. 从西藏的樟木口岸出境，再进入尼泊尔的 Kodari 小镇，首先映入眼帘的是一道道铁丝电网，还有沙包和木头垒起的掩体和碉堡。狭窄的入口处，黑洞洞的机枪枪口指着那里，机枪后面是黄亮亮的子弹带。（《世界博览》）

　　b. 从西藏的樟木口岸出境，再进入尼泊尔的 Kodari 小镇，首先映入眼帘的是一道道铁丝电网，还有沙包和木头垒起的掩体和碉堡。狭窄的入口处，可以看到黑洞洞的机枪枪口，机枪后面是黄亮亮的子弹带。（自编）

　　可以看到，上述例句的a、b两项分别从真实和虚拟的角度对空间中同一位置关系进行了诠释。在例72中，客观上"皮亚娜"同"波尔多海湾"及"斯坎多拉半岛"之间存在着真实静止的位置关系，例72b从真实角度对此进行了说明；而例72a则将"皮亚娜"同"波尔多海湾"之间的位置关系建构成了人类眼部姿态"俯瞰"，将"皮亚娜"同"斯坎多拉半岛"之间的位置关系建构成了人类脸部发出的动作"面对"。同样地，例73a同例73b也将"机枪"和"入口处"之间的静止位置关系进行了不同诠释。其中，例73a从虚拟角度将二者之间的指向类位置关系建构成了人类手部发出的动作"指"。

　　在此，我们将例72a、例73a类虚拟运动现象命名为汉语姿势类虚拟运动句，在下文的论述中，笔者将依次从界定标准、基本类型、句法框架等方面对此类虚拟运动现象进行全面考察，并在对此类虚拟运动现象进行静态描写的基础上，对此类虚拟运动句中生成虚拟运动的原因和机制进行探讨。

5.1　汉语姿势类虚拟运动句的界定标准及其基本类型

5.1.1　汉语姿势类虚拟运动句的界定标准

　　在上一章中，我们集中对汉语中存在着的延展类虚拟运动现象进行了探讨。我们认为，虽然本章将要讨论的姿势类虚拟运动现象同延展类虚拟运动现象均对空间中静止客体间的位置关系进行了重新建构，然而，二者对于空间位置关系的诠释各有侧重。其中，延展类虚拟运动句更加侧重对空间中静止、狭长客体的整体构型特征进行凸显，而汉语姿势类虚拟运动句则更加注重表现空间中静止客体之间的相对位置关系，且这一功能是通过建构姿势类虚拟运动意象实现的。试观察例句：

例74 在东面，富尔奈斯火山一直延伸到印度洋里，从山顶到山脚形成一个巨大的阶梯，熔岩流通常顺着阶梯流淌。（《世界博览》）

例75 新铺就的道路宽不过5米，却并不显得狭窄，沿着这条紧靠山脚的公路，很快就能来到距离怀柔城区不到15公里的雁栖镇官地村。（《世界博览》）

可以看到，在例74中，"富尔奈斯火山"同"印度洋"之间连接的位置关系被建构成了"火山"作为虚拟运动主体发出的延展类虚拟运动。全句对"富尔奈斯火山"的整体构型特征进行了凸显，其后续句——"从山顶到山脚形成一个巨大的阶梯，熔岩流通常顺着阶梯流淌"则进一步就"火山"构型特征的细节进行了补充。而在例75中，句子的表现形式将"公路"和"山脚"之间静止的位置关系建构成了"公路"作为虚拟运动主体发出的倚靠类虚拟运动现象，在此，全句凸显的是"公路"同"山脚"之间紧密相连的位置关系。

明确了汉语姿势类虚拟运动现象同延展类虚拟运动现象的差异，我们结合泰尔米（2000）提出的"总体虚拟模式"，将汉语姿势类虚拟运动现象的判定标准概括如下：

第一，在客观上，空间中的实体并未发生物理位移，即客体之间存在着真实静止的位置关系。

第二，在主观上，句子的表达形式建构了空间中某一客体充当虚拟运动主体发出的姿势类虚拟运动现象，即句子的表现形式将空间中客体间的静止位置关系建构成了人类的一系列静止姿势。

第三，客观静止的真实度高于主观的虚拟运动。

试观察例句：

例76 前面有一道河拦住了去路。（《现代汉语词典》第五版，2005）

例77 远远地一座塔耸立在山坡上，许多绿树拥抱着它。（北京大学 CCL

语料库)

例78 屋中除了一架木床之外，还有一把古式的椅子，靠着墙立着。(北京大学 CCL 语料库)

例79 两座大山夹着一条小沟。(《现代汉语词典》第五版，2005)

观察例句可以看到，在例 76 至例 79 中，"河"同"前方"、"塔"同"绿树"、"椅子"同"墙"、"大山"同"小沟"之间均存在着真实静止的位置关系。在此，句子的表现形式将此种客观静止的位置关系建构成了虚拟运动主体发出的姿势类虚拟运动。例如，例 76 中"河"发出的虚拟运动"拦"、例 77 中"绿树"发出的虚拟运动"拥抱"、例 78 中"椅子"发出的虚拟运动"靠"以及例 79 中"大山"发出的虚拟运动"夹"等，分别表现为人类不同器官发出的静止姿势，且未生成虚拟的空间物理位移。我们由此认定，例 76 至例 79 类虚拟运动现象表现为典型的汉语姿势类虚拟运动现象。

5.1.2 汉语姿势类虚拟运动句的基本类型

我们依据虚拟运动所涉及的人体部位的不同，将汉语姿势类虚拟运动句进行进一步的切分。

1）同眼部相关的姿势类虚拟运动句

此类姿势类虚拟运动句将空间中静止客体之间的位置关系建构成了人类的眼部运动，句中常见的核心动词包括"俯瞰""鸟瞰""注视""俯视""仰视""望""相望"等。同时，在由此类核心动词建构的虚拟运动句中，静止客体之间一般不存在真实交汇点。例如：

例80 宏伟的国会大厦俯瞰多瑙河佩斯一岸，为了建造它的围墙，工人们一共使用了 4 000 块方砖和 3 万平方米的雕花石板。(《世界博览》)

例81 科西嘉，地中海第四大岛，位于法国大陆东南 160 公里，南隔宽不到 16 公里的博尼法乔海峡与意大利撒丁岛相望。(《世界博览》)

可以看到，例 80 中的"国会大厦"和"多瑙河佩斯一岸"均表现为空间中的静止客体，且二者并不存在空间上的真实交汇点。在此，句子的表现形式将二者的位置关系建构成了"国会大厦"作为虚拟运动主体发出的活动——"俯瞰"。同样地，例 81 也将"科西嘉岛"和"撒丁岛"之间一衣带水的位置关系用人类眼部运动——"望"，进行了重新建构。

2）同口部相关的姿势类虚拟运动句

在此类虚拟运动句中，句子的表现形式将空间中客体间静止的位置关系建构成了人类的口部动作。此类虚拟运动现象所涉及的动词并不常见，通过检索语料仅见"衔"一例：

例82 此时正当落日衔山，天上云影红红紫紫如焚如烧。（北京大学CCL语料库）

例83 日已衔山。（《现代汉语词典》第五版，2005）

可以看到，在例82、例83中，视觉上"落日"与山峰之间形成的夹角相切，句子的表现形式将"山"同"落日"之间视觉上相互连接的位置关系在虚拟层面上进行了重构。在此，动词"衔"将二者视觉上的位置关系建构成了"山"对"落日"的半包围意象。

3）同脸部活动相关的姿势类虚拟运动句

此类虚拟运动句基本等同于泰尔米划分的源点类虚拟运动句中的意象路径。在此，充当虚拟运动主体的静止客体被建构成了脸型物体，并对虚拟运动客体发出了"朝""朝向""面对""背对"等同脸部活动相关的动作。同时，在此类虚拟运动句中，静止客体之间同样不存在真实的交汇点。试观察例句：

例84 在希腊语中，"西西里"被称为Trinacria，意为"三颗头"，暗示它三角形的长相。若是稍加留意，你会发现它的三只角分别朝向亚、非、欧三大洲。只是离意大利半岛太近的缘故，它才忍不住卖乖，身姿微微偏转了些。（《世界博览》）

例85 从地图上看，曼托瓦不啻一只静静伏在水面的果蝇，姿态固然欠佳，但地理位置却一度非常重要。一方面，它地处战略要冲，仿佛一把北起维罗纳、南至摩德纳之间，惹人垂涎的"意大利北方之匙"；另一方面，由于它面朝湖水，背倚陆地，地势易守难攻，从而在战术上占有巨大优势。（《世界博览》）

观察例句可以发现，在例84和例85中，"西西里岛"同"亚、非、欧"三大洲之间的位置关系、"曼托瓦"同"湖水"之间的位置关系被分别建构成了人类脸部发出的零位移活动——"朝向"和"面朝"。

4）同手部相关的姿势类虚拟运动句

在此类虚拟运动现象中，句子的表现形式将空间中静止客体之间的位置关系建构成了人类双手发出的动作。我们知道，对于人类而言，双手为灵活度较高的器官，可以生成的动作也较为多样。同手部运动相关的"抱""环抱""指""拦""挡""扶""托"等动词在一定语境下均可构成姿势类虚拟运动句。同时，同手部相关的姿势类虚拟运动句涉及的空间位置关系也较为多样。例如：

例86　塔，粗粗的，矮矮的，正当着一个青青的小山峰，让两边的山紧紧抱着，静极、稳极。（北京大学 CCL 语料库）

例87　现存的佛塔有 2 217 座，它们或金光闪闪，或洁白素雅，一个个指向天空，使每个到这里的人忘记了自己的宗教文化背景。（《世界博览》）

观察例句可以发现，在例86 中，空间中静止客体"塔"和"山峰"之间客观上存在着环绕的位置关系，在句中，这种真实静止的位置关系被建构成了"山"作为虚拟运动主体发出的手部动作"抱"。例87 则为了突出佛塔挺拔高大的构型特征，建构了"佛塔"作为虚拟运动主体发出的指向类运动——"指"。

5）　同人类整体体态相关的姿势类虚拟运动句

汉语中还存在这样一类虚拟运动句，核心动词所表征的动作并不具体由身体某一部位发出，而与人体整体体态相关。在此类虚拟运动句中，句子的表现形式将空间中静止客体之间的位置关系建构成了"躺""坐""站""立""靠""倚""贴""拱""围"等零位移活动。例如：

例88　确切地说，勒格罗－迪鲁瓦是个舒适地躺在地中海臂弯中的小城，处处散发着南西班牙的热带气息。（《世界博览》）

例89　从零点前的第八大道一直向北走到尽头，当街而立的便是久负盛名的现代化清真寺——费萨尔。（《世界博览》）

观察例句可以看到，在例88 中，客观上，"勒格罗－迪鲁瓦"位于"地中海"地区中央，句子的表现形式将二者的位置关系建构成了"勒格罗－迪鲁瓦"作为虚拟运动主体发出的零位移活动——"躺"。而例89 则将"清真寺"与"街道"之间静止的位置关系进行了重构，虚拟了"清真寺"作为虚拟运动主体"当街而立"的意象。

5.1.3　小结

至此，我们依托泰尔米提出的"总体虚拟模式"，对汉语姿势类虚拟运动句的句法框架进行了总结，继而依托该框架，根据虚拟运动涉及部位的不同，将姿势类虚拟运动句进行了进一步切分。在下一小节中，我们将集中探讨进入此类虚拟运动句的 NP 及 VP 的语法意义，进而概括此类虚拟运动现象的整体句法框架。

5.2 汉语姿势类虚拟运动句的句法框架

通过观察收集到的姿势类虚拟运动句，我们发现，此类虚拟运动句所涉及的句式是较为多样的。具体包括普通主谓句、存现句、介词短语补语句、"把"字句、"被"字句等。例如：

例90 大金塔是一座神奇的小城，从丁固达拉山岗上俯瞰着仰光。——普通主谓句(《世界博览》)

例91 对了，中国的文学作品里也有这样的描写：村头上立着一棵老槐树，树上挂着一口古钟，老村长敲钟把大家聚集到一起。——存现句(《世界博览》)

例92 而莱茵河上的古滕费斯与普法尔茨两座城堡，一座耸立于岸边的峭壁上（——介词短语补语句），一座占据着江中的小岛，相向扼守着黄金水道。(《世界博览》)

例93 风景最秀丽、价格最昂贵的地块都在那里，居民和宾馆将维苏威火山团团围住。——"把"字句(《世界博览》)

例94 奥斯陆，挪威首都，环山面海，被海湾和林海紧紧包围，海水碧蓝，山林茂密，景色宜人。——"被"字句(《世界博览》)

同时我们也可以看到，要构成一个完整的姿势类虚拟运动句，充当虚拟运动主体的 NP_1、充当虚拟运动作用对象的 NP_2 以及表征虚拟运动方式的 VP 必不可少。下面通过分析例句，分别对进入姿势类虚拟运动句的 NP 及 VP 所具有的语义特征进行讨论。

5.2.1 汉语姿势类虚拟运动句中 NP 的语义特征

首先比较下面两组例句：

例95 a. 柜子靠着墙立着。（自编）

b. 我靠着墙站着。（自编）

例96 a. 意大利和西班牙扼守着整个欧盟的南大门，欲涉足欧陆"天堂"者，不可不在此留下买路钱。(《世界博览》)

b. 海盗扼守着整个欧盟的南大门，欲涉足欧陆"天堂"者，不可不在此留下买路钱。（自编）

可以看到，例95、例96的a、b两项对空间中相同的位置关系做了不同建构：例95a 成功地将"柜子"与"墙"之间相邻的位置关系虚拟成了"柜子"朝向"墙"发出的虚拟倚靠运动。在此，句中作为虚拟运动主体充当 NP_1 的名词"柜子"具有"－生命""－移动"的语义特征，本身并不具备发出倚靠类动作的能力，这就为生成姿势类虚拟运动提供了前提。同时，作为静止客体充当 NP_2 的名词"墙"也具有"－生命""－移动"的语义特征，这就为 NP_1 与 NP_2 之间构成真实的、稳定的静止位置关系提供了保证。而在例95b 中，当句中作为虚拟运动主体充当 NP_1 的名词由具有"＋生命""＋移动"语义特征的"我"充当时，表现的则是"我"朝向"墙"发出的真实倚靠运动，句子表达了真实的运动事件。

　　同样地，在例96a 中，"意大利和西班牙"客观上永久位于"欧盟南端"，具有"－生命""－移动"的语义特征，这就为句子建构真实静止的位置关系创造了前提。在此，句子的表现形式将二者之间的位置关系建构成了"意大利和西班牙"作为虚拟运动主体发出的姿势类虚拟运动——"扼守"。而当运动主体由生命度较高的"海盗"充当时，句子转而表征"海盗"发出的真实运动事件，如例96b 所示。

　　由此可见，同延展类虚拟运动句相同，构成姿势类虚拟运动句的 NP 同样应当由空间中不可移动的客体充当，具有"－生命""－移动"的语义特征。而同延展类虚拟运动句不同的是，姿势类虚拟运动句中的 NP 不具有狭长性的构型特征，同时，在此类虚拟运动句中，充当 NP_2 的静止客体较之 NP_1 不必具备更为广阔的空间背景。试观察：

　　例97　Adrere Amellal 旅馆背靠石灰岩山丘，与山岩浑然一体。(《世界博览》)

　　例98　西西里岛被五海包围，岛上风景如画，港湾众多。(《世界博览》)

　　可以看到，在姿势类虚拟运动句中，NP_1 同 NP_2 占据物理空间的大小同二者之间的位置关系密切相关：当 NP_1 同 NP_2 存在倚靠类位置关系时，充当虚拟运动背衬的 NP_2 必然具有更为广阔的空间背景。如在例97 中，虚拟运动背衬必然由体积更为宏大的"山丘"充当，"山丘"同"旅馆"的句法位置不能互换，"石灰岩山丘背靠 Adrere Amellal 旅馆"的说法不能成立。而当 NP_1 同 NP_2 存在相互围绕的位置关系时，NP_2 反而会具有相对狭小的空间体积。例如，在例98 中，"西西里岛"同"五海"所占据的物理空间相差悬殊。

5.2.2　汉语姿势类虚拟运动句中 VP 的语义特征

　　在汉语姿势类虚拟运动句中，VP 用于表征虚拟运动发生的方式。为了便于观察进入此类虚拟运动句中 VP 的语义特征，下面继续列举一些例句：

例 99 大海环抱着这片由近 500 个岛屿组成的平坦的大地，它的千万年的亲吻在这块土地上留下了 7 314 公里的海岸线和数不清的悬崖峭壁、滩涂沙丘和港汊海湾。(《世界博览》)

例 100 绿树红花簇拥着百米长的香炉礁街，伞亭婀娜，回廊舒展。(北京大学 CCL 语料库)

例 101 众星拱月。(《现代汉语词典》第五版，2005)

例 102 衰老的煤矿依傍着肥沃的三江平原。(北京大学 CCL 语料库)

例 103 滑铁卢，距今比利时首都布鲁塞尔 20 公里，一座寂静的小城，依偎着一片茂密的森林。(北京大学 CCL 语料库)

例 104 在山峦区广布松林，梨树峪遍谷栽梨，大有梨花伴月的诗情，另一山谷则槭树满坡。(北京大学 CCL 语料库)

例 105 有的窗户没有了玻璃，看上去像轰炸过后，只有外墙还苟延残喘地站立着。(《世界博览》)

例 106 这幢房子静静地伫立在那里，虽然廉价，依然充满尊严。(《世界博览》)

例 107 想想做一棵拼布之路上的树是多么好，一直站在那儿，就算枯朽也不会离开身边熟悉的一切美景。(《世界博览》)

在以上例句中，例 99 至例 107 将空间中静止客体之间的位置关系用虚拟运动的方式进行了重新建构。在例 99 至例 101 中，虚拟运动主体同虚拟运动客体之间存在着相互环绕的位置关系，句子的表现形式将二者之间的位置关系建构成了人类发出的"抱"类姿态。这些表征虚拟运动发生方式的动词"抱""簇拥""拱"均具有"＋环抱"的语义特征，句子建构了虚拟运动主体环抱静止客体的意象。例 102 至例 104 中 NP$_1$ 同 NP$_2$ 之间存在着倚靠的位置关系，句子的表现形式将二者之间的位置关系建构成了人类发出的"靠"类姿态。句中核心动词"依傍""依偎""伴"均具有"＋倚伴"的语义特征，句子建构了虚拟运动主体倚靠或伴随静止客体的意象。而在例 105 至例 107 中，NP$_1$ 同 NP$_2$ 之间的位置关系则被建构成了人类发出的"站立"类姿态，句中核心动词"站立""伫立""站"均具有"＋直立"的语义特征，句子建构了虚拟运动主体直立于大地之上的意象。

我们由此可以判定，汉语姿势类虚拟运动句中的核心动词均表现为人类发出的某种体态，具有"＋拟态"的语义特征。例如，"簇拥""依偎""伫立"等动词所表征的动作，均涉及了人类的某种体态。

同时，我们也可以发现，此类虚拟运动中的动词所表征的均为零位移运动，虚拟运动主体发出的动作在空间上不生成物理位移，动词具有"－位移"的语义特征。例如，"抱""簇拥""拱"等动作均不生成空间物理位移。

最后，我们认为，由于汉语姿势类虚拟运动句存在这样的功能，即将空间中静止客体之间的位置关系建构成为人类发出的各种静态姿势，因此该类虚拟运动句中的核心动词均具有"＋无界"的时体特征。在此，动词所表征的动作不具备自然的完结点，且根据马庆株（2005）对汉语动词的分类，出现在此类虚拟运动句中的动词均属于强持续性动词。如"依傍""依偎""伴"等动作均可持续较长时间，即此类虚拟运动句中出现的动词具有"＋强持续性"的语义特征。

5.2.3 小结

至此，我们对汉语姿势类虚拟运动句的句法框架进行了静态的描写。我们认为，汉语姿势类虚拟运动句涉及普通主谓句、存现句、介词短语补语句、"把"字句、"被"字句等多种句式。进入此类句式的 NP 应具有"－生命""－移动"的语义特征；同时，句中的核心动词应具有"＋拟态""－位移"的语义特征以及"＋无界""＋强持续性"的时体特征。现将汉语姿势类虚拟运动句的句法框架概括如表 5-1：

表 5-1 汉语姿势类虚拟运动句的句法框架

虚拟运动类别　　　　句法框架	姿势类虚拟运动句
涉及句式	普通主谓句、存现句、介词短语补语句、"把"字句、"被"字句等
虚拟运动主体（NP_1）	"－生命""－移动"
虚拟运动背衬（NP_2）	"－生命""－移动"
虚拟运动方式（VP）	"＋拟态""－位移""＋无界""＋强持续性"

5.3 汉语姿势类虚拟运动句涉及空间静止位置关系的基本类型

下面我们将结合例句，集中讨论汉语姿势类虚拟运动句所涉及的空间位置关系类型。考察汉语采用姿势类虚拟运动句的方式，究竟对哪几类空间中的静止位置关系进行了重构。通过观察例句，我们发现，汉语姿势类虚拟运动句中的 NP₁ 和 NP₂ 主要涉及倚靠、环绕、存在、相对等四类空间位置关系。下面分别加以说明。

5.3.1 NP₁ 与 NP₂ 之间呈倚靠关系

在此类静止的空间位置关系中，虚拟运动主体与静止客体之间在空间上紧密相连，呈接触或临近关系。句子的表现形式将二者的此种静止位置关系虚拟成了倚靠关系，使得全句生成了虚拟运动主体向静止客体倚靠的意象。例如：

例108 在那光滑绝壁的缝隙中，却长出了一棵棵松树，倚绝壁而立。（北京大学 CCL 语料库）

例109 陵园依山傍水，地理环境幽雅。（北京大学 CCL 语料库）

在例108中，"松树"植根于"绝壁"，与"绝壁"有着天然的附着关系。在此，为了强调二者之间的此种空间静止位置关系，句子建构了"松树"作为虚拟运动主体朝向"绝壁"发出的倚靠运动。而在例109中，"陵园"和"山水"之间在空间上呈临近关系，二者并不存在真实的物理接触。在此，为了强调二者地理位置的接近，在实际表达此种相邻关系时，句子将二者的临近关系也虚拟成了倚靠关系，从而缩短了二者之间的物理距离。

5.3.2 NP₁ 与 NP₂ 之间呈环绕关系

在此类静止的空间位置关系中，静止客体在空间上为虚拟运动主体所环绕，句子的表现形式将二者之间的位置关系建构成了虚拟运动主体发出的"拥抱"类动作。试观察例句：

例110 鲜花簇拥着高耸的墓碑，墓碑上镌有陈毅元帅的亲笔题词。（北京大学 CCL 语料库）

例111 曼托瓦，英文名称 Mantua（曼图亚），素有"小威尼斯"之美誉，言其三面为湖水所环抱之情状。曼托瓦由上湖、中湖和下湖左拥右抱，呈万千旖旎之态。（《世界博览》）

在以上例句中，"墓碑"为"鲜花"所包围；"曼托瓦"为"湖水"所环绕。句中静止客体之间此种环绕的位置关系，被分别建构成了"鲜花"指向"墓碑"、"湖水"指向"曼托瓦"发出的虚拟拥抱类运动。

5.3.3　NP$_1$与NP$_2$之间呈存现关系

此类虚拟运动句所表征的空间位置关系可以概括为"某处有某物"，即充当虚拟运动主体的NP$_1$位于虚拟运动背衬NP$_2$之上或处于NP$_2$之内。在此，依据NP$_1$同NP$_2$具体位置关系的不同，句子的表现形式将二者之间的空间位置关系建构成了"站""躺""藏"等不同的虚拟姿态。例如：

例112　起飞后仅几分钟就穿越国境了，终年冰雪覆盖的喀什昆仑山和喜马拉雅山在遥远的下方温和伫立，显得十分恭良谦卑，我心里涌起万般感慨。（《世界博览》）

例113　如果将目光投向赤道附近海域，就可以看到星星点点的岛屿错落有致地躺在太平洋和印度洋的怀抱里。（《世界博览》）

例114　上山的小路掩藏在密密的丛林中，因为是唯一的往山上走的路，所以并不害怕迷路。（《世界博览》）

可以看到，在姿势类虚拟运动句中，当NP$_1$位于NP$_2$之上且同NP$_2$具有相互垂直的位置关系时，句子倾向于建构NP$_1$"站立"于NP$_2$之上的意象。例如，例112便建构了"喀什昆仑山和喜马拉雅山"作为虚拟运动主体"伫立"于大地之上的意象。而当NP$_1$位于NP$_2$之中时，句子可将二者之间的位置关系建构成为NP$_1$"卧"于NP$_2$之上或NP$_1$"藏"于NP$_2$之中的意象，如例113、例114所示。

5.3.4　NP$_1$与NP$_2$之间呈相对关系

在此类虚拟运动句中，NP$_1$同NP$_2$并不存在空间上的真实交汇点，二者之间呈相互面对的位置关系。在此，句子的表现形式将二者的位置关系建构成了人类眼部或脸部发出的"望""面对"等零位移虚拟运动。例如：

例115　吉布提和也门隔海相望，一西一东扼守红海通向印度洋的咽喉。（《世界博览》）

例116　若从风水的角度来说，台北故宫所处位置极佳：背靠青山，远眺溪水。之所以背靠青山，主要原因自然不是风水，而是为了"藏宝"。（《世界博览》）

在例115及例116中，"吉布提"和"也门"、"台北故宫"和"溪水"之间客观上并不存在相互邻接的位置关系，句子的表现形式将句中NP$_1$同NP$_2$

之间的位置关系分别用"望""眺望"等眼部动作进行了重新建构。

以上,我们列举了汉语姿势类虚拟运动句所涉及空间静止位置关系的基本类型。由此可知,汉语采用姿势类虚拟运动的方式,将空间中两静止客体之间存在着的倚靠、环绕、存现、相对等位置关系重新进行了建构。同时我们也应看到,在表现空间中的上述位置关系时,姿势类虚拟运动句也表现为准确性较强、生动度较高的表述方式。实际上,在大多数情况下,姿势类虚拟运动句甚至表现为相应空间位置关系唯一可选的外化方式。

5.4 汉语姿势类虚拟运动句中虚拟运动的生成原因和机制

在本章的 5.1、5.2、5.3 三节中,我们依照涉及人体部位的不同,对姿势类虚拟运动句进行了分类,继而对此类虚拟运动句的句法框架及其涉及的空间位置关系类型进行了总结。下面我们将针对此类虚拟运动句,探讨汉语在采用此类句式建构倚靠、环绕、存现、相对等空间静止位置关系时,虚拟运动的生成原因和发生机制。

5.4.1 汉语姿势类虚拟运动句中虚拟运动的生成原因

观察汉语姿势类虚拟运动句的句法框架,我们可以发现,同汉语延展类虚拟运动句相同,该句法框架对虚拟运动的生成能力不是单独由进入该框架的 NP_1、NP_2 或句中核心动词的语义特征带来的,而是框架中各组成部分所具有的语义特征相互组合、相互作用的结果。

汉语将空间中客观静止的位置关系虚拟成为姿势类虚拟运动时,进入相应句法框架的 NP_1 和 NP_2 具有"–生命""–移动"的语义特征,而句中核心动词表征人类眼部、口部、手部等部位生成的姿势,具有"+拟态"的语义特征。我们知道,上述姿势在真实世界中通常由人类等有生命客体发出,这就与进入该框架的 NP_1、NP_2 所具有的非生命性语义特征发生了冲突。在此,NP_1、NP_2 与动词的共现引起了句子整体语义特征的不和谐。人们在主观上通过对句子各组成部分语义特征的整合,接受了由不可移动的非生命客体发出的姿态类动作,从而建构了虚拟空间静止位置关系的姿势类虚拟运动句。

例如,在例77"远远地一座塔耸立在山坡上,许多绿树拥抱着它"中,构成虚拟运动主体和静止客体的"绿树"和"塔"均为非生命客体,而句中动词"拥抱"所表现的运动一般由人类等有生命客体发出,人们通过整合句中 NP 和动词的语义特征,在主观上接受了由"绿树"发出的倚抱类动作,从而建构了零位移姿势类虚拟运动。又如，在例78"屋中除了一架木床之外，还有一把古式的椅子，靠着墙立着"中，"椅子"表现为空间中静止的非生命客体，而句中核心动词"靠""立"等所表征的动作一般由人类发出，具有"＋拟态"的语义特征。进入框架的NP和动词所具有的这些语义特征相互冲突，人们在主观整合句子整体表达意象的同时，接受了"椅子"作为虚拟运动主体发出的姿势类虚拟运动。

5.4.2　汉语姿势类虚拟运动句中虚拟运动的生成机制

依据上文对于汉语姿势类虚拟运动句的分类，此类虚拟运动句主要建构了空间中具有"－生命""－移动"语义特征的客体间的倚靠、环绕、存现、相对等位置关系。且根据上文提出的汉语虚拟空间静止位置关系的句法框架，进入此类虚拟运动句的动词具有"＋拟态"的语义特征。

而在真实世界中，具有"＋拟态"语义特征的动词也可用来表现生命体具有的真实零位移姿势，这就为此类虚拟运动句中虚拟运动的生成提供了真实的运动原型。人类将真实生活中获得的运动经验投射到空间位置关系的表达上，就实现了对于空间中静止客体之间相应位置关系的虚拟。

具体地讲，在表征空间中静止客体间的倚靠、环绕、存现、相对等位置关系时，句中"靠""抱""立""望"等核心动词也可用于表征人类的真实活动。如在"靠着椅子打盹儿"（《现代汉语词典》第五版，2005）中，生命体发出的真实的"靠"类动作，为汉语虚拟空间静止客体间倚靠类位置关系提供了真实的运动原型；在"母亲抱着孩子"（《现代汉语词典》第五版，2005）中，"母亲"发出的真实"抱"类动作，为汉语虚拟空间静止客体间的环绕类位置关系提供了原型；同样地，在"交通警站在十字路口指挥来往车辆"（《现代汉语词典》第五版，2005）中，"交通警"的真实"站立"类活动经验，也为人类将空间中的存现类位置关系建构成为姿势类虚拟运动句提供了认知基础；最后，在"我俩隔街相望"（自编）中，人类对于相对类位置关系的认知经验同样为建构相应虚拟运动现象提供了可能。

在此，人类已经形成了一整套对于倚靠、环绕等动作的认知经验，发出倚靠、环绕类动作后自身与周边客体之间形成的位置关系也已经内化到人类的深层认知机制之中。在此种前提下，当观察到空间中的静止客体也具有相同或相似的位置关系时，人类对于相应动作的认知模型便会被激活，继而将空间中的静止客体构拟成为虚拟运动主体，模拟自身认知经验，建构姿势类虚拟运动现象。我们由此可以认为，当人类真实的运动模型投射到对于非生命客体之间静止位置关系的表达上时，就会生成零位移的姿势类虚拟运动。

5.4.3　小结

至此，我们分别讨论了姿势类虚拟运动句中，虚拟运动生成的原因和机制。我们认为，进入姿势类虚拟运动句的 NP 同 VP 之间的语义特征存在着冲突，人们在对句中各组成要素语义特征进行整合的基础上，接受了由非生命客体发出的姿态类运动，姿势类虚拟运动句对于虚拟运动的生成能力是框架中各组成部分所具有的语义特征相互组合、相互作用的结果。而该句式生成虚拟运动的深层机制则在于，人类真实的运动经验向非生命客体之间静止位置关系的表达进行了投射。或者说，人类发出的真实运动为姿势类虚拟运动提供了原型。

5.5　本章小结

姿势类虚拟运动是汉语中比较常见的一类虚拟运动现象，本章在对此类虚拟运动现象的界定标准进行概括的基础上，集中对其句法框架进行了静态描写，并对此类虚拟运动句中虚拟运动的生成原因和机制进行了挖掘。我们认为，由于句中表征虚拟运动建构方式的 VP 同延展类虚拟运动句存在着较大差异，两类句式在建构空间静止关系类型、虚拟运动生成机制等方面均有所不同。对于两类句式的上述差异，我们将在结语部分集中加以讨论。

6 汉语历时类虚拟运动句研究

泰尔米（2000）指出，英语中存在一类历时类虚拟运动句（advent path），功能在于通过建构空间中某静止客体作为虚拟运动主体发出的历时虚拟运动，对该客体目前所处的空间位置信息进行整体说明。泰尔米认为，在英语中，实现这一功能的主要途径有二：一是对该静止客体所处空间位置的历时形成过程进行虚拟（site arrival）；二是通过建构该客体在某一位置点的"隐现"特征对其进行定位（site manifestation）。常识告诉我们，该物体客观上处于真实静止的状态，而句子的表达方式则建构了可及度较低的历时虚拟运动及虚拟的存现关系。试观察前文例句：

例 19 a. The palm trees clustered together around the oasis. 棕榈树聚拢在绿洲周围。（Talmy，2000）

b. This rock formation occurs/recurs/appears/reappears/shows up near volcanoes. 此种岩层出现/再现于火山附近。（Talmy，2000）

我们看到，在例 19a 中，"棕榈树"相对于"绿洲"的真实位置关系是静止不变的，而句子通过典型的运动动词 cluster（聚集）建构出了"棕榈树"以绿洲为中心发出的历时虚拟位移运动。即可以认为，"棕榈树"目前围绕绿洲紧密排列的位置特征是其经历了位移运动后形成的。在例 19b 中，常识告诉我们，"岩层"的位置具有长期稳定性，而句子的表达方式则通过"岩层"发出的虚拟存现事件——appear（出现）对其位置特征进行了重构，即可以认为"此种岩层"先前在火山附近并不存在，其现有的位置特征是该隐现事件的结果。

通过观察我们发现，汉语中也存在着从人类自身视角出发，通过建构空间中某一静止客体的历时虚拟运动，对该客体的位置特征进行重构的现象。试观察：

例 117 a. 在欧洲任何一个城市里，河流都不会像布达佩斯城里的多瑙河那样，如此壮丽地劈开整个城市。（《世界博览》）

b. 在欧洲任何一个城市里，河流都不会像布达佩斯城里的多瑙河那样，

从城市中间流过，将整个城市分为两半。（自编）

例118 a. 车开过了漫长的小路，终于在尽头出现了一座村庄。（《世界博览》）

b. 车开过了漫长的小路，终于我们看到了小路尽头有一座村庄。（自编）

可以看到，上述两个例句的 a、b 两项分别从虚拟和真实的角度对于空间中静止的位置关系进行了展示。在例 117a 中，"多瑙河"和"布达佩斯城"之间真实的穿插关系被建构成了"多瑙河"作为运动主体发出的历时虚拟位移运动。在此，空间客体之间现存的位置关系是历时虚拟运动——"劈开"所产生的结果。而例 118a 则将"村庄"与"小路"真实静止的位置关系建构成了"村庄"发出的历时虚拟隐现事件。

本书将集中对汉语中例 117a、例 118a 类历时虚拟运动句进行讨论。在下文的论述中，我们将明确汉语历时类虚拟运动句的判定标准和基本类型，归纳此类句式的句法框架，并对此类句式建构虚拟运动的深层原因和机制进行探讨。

6.1 汉语历时类虚拟运动句的界定标准及其基本类型

6.1.1 汉语历时类虚拟运动句的界定标准

汉语在对空间中静止客体之间的位置关系进行报道时，可以采用存现句式，从真实的角度对相应客体的位置关系进行报道；也可选择运用虚拟运动句式，从可及度较低的虚拟角度对空间位置关系进行建构。同时，依据空间位置关系类型和表达功能的差异，所选取的虚拟运动句式也不尽相同。

其中，延展类虚拟运动句用于表征空间中某静止线性客体的现时构型特征，全句凸显虚拟运动的路径特征（此时，虚拟运动路径与该线性客体重合），并建构了持续的运动意象；而本章所讨论的汉语历时类虚拟运动句的功能则在于描写空间中静止客体之间的整体位置关系，这一功能是通过建构空间中某一静止客体的历时虚拟运动实现的。可以看到，延展类虚拟运动句采用次第扫描的方式建构了无界的虚拟运动；而本章将要讨论的历时类虚拟运动句则建构有界的虚拟运动，并对历时虚拟运动所生成的结果进行了凸显。试观察例句：

例119 采矿区从火山口开始，呈漏斗状向地下延伸，在地平线以下 180 米处，收缩成直径 900 米的坑底。（《世界博览》）

我们看到，例 119 共涉及了两类虚拟运动现象。其中，在句子的前半部分中，持续动词"延伸"凸显了"采矿区"沿垂直方向向地下伸展的构型特征，建构了无界的延展类虚拟运动意象；而句子的后半部分则通过建构"采矿区"作为运动主体完成的历时虚拟运动——"收缩"，展示了"采矿区"的整体构型特征，其所建构的运动意象表现为典型的历时类虚拟运动。

依据汉语历时类虚拟运动句同其他类别虚拟运动句的上述功能差异，结合泰尔米（2000）的"总体虚拟模式"，我们提出汉语历时类虚拟运动句的三点界定标准：

第一，在客观上，空间中的实体并未发生真实的历时运动，即客体之间存在着真实静止的位置关系。

第二，在主观上，句子的表达形式建构了空间中某一客体作为运动主体发出的历时虚拟运动。

第三，客观静止的真实度高于主观的虚拟运动。

6.1.2　汉语历时类虚拟运动句的分类

依托上文提出的判定标准，我们观察例句发现，根据句子所建构的虚拟运动类型的差异，汉语历时类虚拟运动句可进一步细分为历时位移虚拟运动句及历时隐现虚拟运动句两类，下面依次进行说明。

6.1.2.1　汉语历时位移虚拟运动句

汉语对空间位置关系进行描写时，存在着通过建构某一静止客体的历时位移运动表现该客体同空间中其他静止客体之间宏观位置关系的虚拟现象。我们将承担此项功能的句式称为历时位移虚拟运动句。在真实层面上，该客体在空间中占据的位置是稳定不变的，而句子的表达形式对其位置关系网络的形成历程进行了重新建构，认为其现有的位置特征是历时位移虚拟运动的结果。例如：

例 120　只见参差百座楼宇，相映成趣，争奇斗异，似乎冥冥之中一只巨手信手拈来随心堆砌，将 700 米长的大街垒成一条建筑博览景廊。新文艺复兴风格的国立博物馆，巍峨庄严，被按在街首；50 年代建成的苏式建筑 Jalta 宾馆，方正刻板，塞在 45 号；新艺术运动流派的 Ambassador 宾馆嵌在街尾的 5 号，对面 4 号和 6 号是两栋相连的功能主义现代建筑，简洁实用；街中的 25 号 Evropa 宾馆也是风靡一时的新艺术运动杰作。（《世界博览》）

例 121　风景最秀丽、价格最昂贵的地块都在那里，居民区和宾馆将维苏威火山团团围住。（《世界博览》）

在例 120 中，客观上"国立博物馆""Jalta 宾馆""Ambassador 宾馆"等一系列建筑同句中提到的"700米长的大街"存在着真实静止的位置关系，即这些建筑长期"存在于"这条街道上，而句子的表现形式则将建筑与街道之间的存现关系建构成了"垒""按""塞""嵌"等历时位移运动的结果；同样地，例121中"维苏威火山"同建筑物之间的静止位置关系，也被建构成了居民区和宾馆作为位移主体发出的历时虚拟运动。

6.1.2.2　汉语历时隐现虚拟运动句

历时隐现虚拟运动句通过建构空间中某静止客体在某一处所生成的"出现""消隐"等存现类事件，对其空间位置关系进行说明。在此，该客体同背衬之间真实静止的位置关系，被建构成了虚拟隐现事件所产生的结果。其中，"出现"类隐现事件的数量多于"消隐"类。试观察：

例122　3周过去，行程已有1 100公里，温度一直在降低，我们终于到达纽亚，沙滩上出现一个整齐的村庄。(《世界博览》)

例123　船行约半小时之后，眼前冒出一片片五颜六色的房屋，远看如海市蜃楼一般，导游说这便是著名的水上村庄。(《世界博览》)

例124　一望无际的沙漠向远处延伸，渐渐消失在地平线的尽头。(《世界博览》)

例125　我沿着陡峭的斜坡走进坟墓的地下建筑。在黑暗中，依旧感觉到头上的拱顶向后掠去。(《世界博览》)

可以看到，在例122、例123中，无论参照"沙滩"还是"水面"，"村庄"的真实位置都是固定不变的，而句子则从观察者的视角出发，建构了"村庄"作为虚拟运动主体经历的出现事件。二者有所不同的是，例123中的存现动词"冒出"同时凸显了虚拟位移主体的隐现方式，强调了虚拟运动的时间信息。例124、例125则分别通过虚拟"沙漠"和"拱顶"的消隐事件，对二者同背衬之间真实静止的位置关系进行了重新建构。例125中的动词"掠去"同样对虚拟隐现事件的速度信息进行了凸显。

6.2　汉语历时类虚拟运动句的句法框架

观察上文对于两类历时虚拟运动句的描写，我们看到，虽然二者均通过虚拟历时事件来建构真实静止的空间位置关系，但两类句式在建构虚拟运动的方式上存在着较大差异，这必然会对二者句式的选择以及进入句式各个要素的语义特征等产生影响。下面分别从句法、语义方面对汉语历时位移虚拟运动句和历时隐现虚拟运动句进行考察，以期概括出两类句式的句法框架。

6.2.1　汉语历时位移类虚拟运动句的句法框架

通过观察例句我们发现，汉语历时位移类虚拟运动句对于句式的选择是较为多样的。涉及的句式包括普通动词谓语句、介词短语补语句、存在句、"把"字句、"被"字句等。例如：

例 126　沿街阳台上木桶里的红色石竹喷泻而下，间或还看得见戴包发帽的头和拿着喷壶的手在那儿晃动。——普通动词谓语句（《世界博览》）

例 127　远处，高大的猴面包树稀疏地点缀在灌木丛中；眼前，青灰色的矿山尘埃扬起落下，粘在衣服上，带着一股卓尔不群的神秘气息。——介词短语补语句（《世界博览》）

例 128　白崖的顶部覆盖着茂密的森林，浓密的绿色更衬托出白崖的炫目耀眼，与蓝天碧水形成强烈的光与色的对比，成为令人叹为观止的大自然奇观。——存在句（《世界博览》）

例 129　一个 10 公里长的海湾把城市一分为二：巴尔－迪拜区和德依拉区。——"把"字句（《世界博览》）

例 130　无论走到哪里——办公室、工地、每幢建筑物之间、铁丝网上、被两侧钢板和铁栅挤成窄条的羊肠小道——都在监视器的视野之中。——"被"字结构作定语（《世界博览》）

我们认为，无论外化为何种句式，表征一个完整的历时位移虚拟运动过程一般都应包含以下几项要素：充当虚拟运动主体的 NP_1、充当虚拟运动作用对象的 NP_2 以及表征虚拟运动方式的 VP。下面分别加以说明。

6.2.1.1　历时位移类虚拟运动句中 NP 的语义特征

我们首先讨论历时虚拟位移运动句中 NP 的语义特征，观察以下两组例句：

例 131　低矮的茅草房散落在离海岸不远的地方。（《世界博览》）

例 132　花瓣散落了一地。（《现代汉语词典》第五版，2005）

例 133　阿尔卑斯山脉与亚平宁山脉挤挤挨挨，互不相让，直挤进热那亚湾，重重陡峭山岭紧挨海边。（《世界博览》）

例 134　地铁里人山人海，全都是参加游行的人群，记者好容易才挤进车厢，站稳了脚跟。（北京大学 CCL 语料库）

我们看到，在例 131 中，"茅草房"同海岸周边地区之间的静止位置关系自房子完工以来一直是稳定不变的。而句子的表达形式将这种真实静止的位置关系建构成了"茅草房"作为虚拟运动主体发出的历时位移虚拟运动，即认为二者之间的位置关系是"茅草房"经历了"散落"这一运动过程后形成的，表现为一个典型的历时位移虚拟运动句。而在例 132 中，"花瓣"和地面之间最终形成的静止位置关系则是前者发生真实落体事件的结果，例 132 表现为真实的位移运动句。同样地，例 133 为表现"山脉"与"热那亚湾"之间具有的静止位置关系，建构了"山脉"发出的历时位移虚拟运动，是典型的虚拟运动表达；而例 134 则表征了"人群"和"地铁车厢"之间真实的位置关系变化，属于典型的真实位移事件句。

可以看到，例 131 同例 132、例 133 同例 134 具有相同的句式结构和动词核心，我们由此断定，二者上述真实度差异是由句中 NP 所具有的不同语义特征带来的。在例 131 和例 133 中，充当 NP_1 的"茅草房"和"山脉"、充当 NP_2 的"地方""热那亚湾"均表现为无生命处所名词，且一般不具备在空间中发生位移运动的能力，即均具有"－生命""－移动"的语义特征。因此，虚拟运动主体及其作用对象之间便较易构成真实静止的位置关系，且此种位置关系一旦形成，便具有一定的稳定性，为句子建构二者之间的虚拟运动关系提供前提。而例 132、例 134 中充当运动主体的"花瓣"和"人群"则具有较高的移动性及生命度等级，即具有"＋移动"或"＋生命"的语义特征，这就为二者发出真实的位移运动提供了前提。

同时，在虚拟运动主体及虚拟运动作用对象所构成的静止位置关系中，前者一般充当空间中的凸体，而后者则充当背衬。通过观察我们发现，虽然历时位移虚拟运动句中的 NP 均具有"－移动"的语义特征，二者的移动性也存在着一定差异：较之虚拟运动的作用对象，充当运动发出者的名词短语一般具有更小的体积，同时具有更强的移动性。也就是说，充当真实运动主体、虚拟运动主体以及虚拟运动客体的 NP 所具有的移动性依次减弱，三者可构成一个可移动性依次降低的连续统。例如：

例 135 孩子们簇拥着老师走进了教室。(《现代汉语词典》第五版，2005)

例 136 这么集中的区域内，簇拥了如此多样的电影场馆，再加上周边其他配套的商场、饭店、游乐场、博物馆，还有名气丝毫不亚于电影节的柏林爱乐音乐厅等，使波茨坦广场成为为世界各地观众提供以柏林国际电影节为

核心的文化盛宴的"宴会厅"。(《世界博览》)

在例135和例136中，分别充当真实运动主体、虚拟运动主体以及虚拟运动客体的"孩子们"、"电影场馆"和"区域"的可移动性依次降低。

6.2.1.2　历时位移类虚拟运动句中VP的语义特征

如同例131至例136表明的那样，历时位移虚拟运动句借用了真实运动句的动词核心，句中动词也可表征真实事件。同时，由于建构了虚拟运动主体的历时位移运动，历时虚拟运动句中的动词结构均具有"＋位移""＋有界"的时体特征，此种有界性特征可外化为以下几个方面：

第一，动词所表征的动作本身具有自然的终结点，属于非持续性动词或弱持续性动词，即具有"－持续"或"＋弱持续"性的时体特征。例如：

例137　官地村地处山坳之中，自明代永乐年间建村至今已有600余年历史，长城像飘带一样散落在两侧山顶，因明代长城守军曾在此开荒种田实行军屯，故称"官地"。(《世界博览》)

例137运用位移动词"散落"，将"长城"与"山顶"的静止位置关系建构成了长城发出的历时落体运动。在此，"散落"所表征的位移运动在下落物体着地的瞬间自然终结。句中的核心动词由于存在自然的终结点而具有"－持续"的语义特征。

第二，句中的核心动词虽不必然具备强完结性，但该动词所附加的时体成分使得句中VP整体上带有"＋有界"的语义特征。时体成分一般表现为动态助词"了"、结果补语、介词短语补语等。例如：

例138　莱茵河畔港口及周边为繁忙的工业区，但其北部聚集了欧洲许多重要的组织，使它看起来更像是欧洲的首府，而不只是斯特拉斯堡的古老首府。(《世界博览》)

例139　狭窄的通道以外，又出现了一条溪流，洞穴也扩展成了一个大的洞厅。(《世界博览》)

例140　悬崖两侧绵延几公里都是峻峭的山岩，根本找不到下山的路，悬崖向外突出的一块却正好插入一道同样险峻的石阶，我们沿着悬崖边侧身而行，脚下是空荡荡的深渊，提醒我们如果一失足会是什么后果。(《世界博览》)

根据马庆株（2005）对于汉语动词的分类，例138中的核心动词"聚集"属于弱持续性动词，具有弱有界性的语义特征，而附加了动态助词"了"后，整个动词结构便具有了强有界性，用以表征已完结的历时位移虚拟运动事件；在例139中，结果补语"成了一个大的洞厅"也为"扩展"所表征的弱持续性动作规定了完结点，为句子建构历时虚拟位移事件提供了可能。在例140中，弱持续性动词"插"与其介宾短语结合，共同建构了有界的历时位移事件——"悬崖"同"石阶"现有的位置关系是其经历了"插入石阶"这一有界动作形成的。

6.2.1.3 小结

综上，汉语历时位移类虚拟运动句涉及的句式较为多样，句中充当虚拟运动主体与虚拟运动客体的 NP 均应具有"－生命""－移动"的语义特征，且前者的移动性略高于后者；同时，受动词自身具有的时体特征或动词所附加的动态助词、结果补语、介宾补语等要素的制约，句中核心动词结构一般具有"＋位移""＋有界"的有界特征，在建构虚拟运动的同时，也可用于表征真实世界中的位移运动。

6.2.2 汉语历时隐现类虚拟运动句的句法框架

通过观察例句，我们发现，汉语历时隐现类虚拟运动句主要涉及隐现句及动词补语句两类句式。其中，隐现句的句法格式表现为 NP_1（处所词语）＋VP＋NP_2；动词补语句的句法格式表现为 NP_1＋VP，且其补语部分多由与表述空间位置相关的介词短语及趋向补语充当。例如：

例141 离开乡村似的和平宫仅仅十分钟的火车行程，我面前又出现了一座极尽豪华精美的皇家宫殿。——隐现句(《世界博览》)

例142 韩国比较小，说长途跋涉，也不过是多坐几小时车，南部忠清道的外严村就出现在眼前了。——介词短语补语句(《世界博览》)

例143 清晨的第一抹阳光，将皮亚娜全身罩上一层神奇的粉红色，这是科西嘉岛最迷人的时刻。空气中弥漫着桉树叶的清香，云雾慢慢地飘散开来……推开窗户，那层叠的山峦和碧蓝的大海就随着海风迎面扑进眼帘，由不得迟疑，我背上相机，顾不得吃早餐，就踏上了寻访狭海湾的道路。——趋向补语句(《世界博览》)

在例141中，客观上"皇家宫殿"长久位于"和平宫"周边，其所占据的空间位置是静止不变的。观察者"我"发出的真实位移事件使得"我"同"皇家宫殿"之间的位置关系发生了变化。而句子在虚拟层面上运用隐现句式将此种位置关系变化建构成了"皇家宫殿"作为虚拟运动主体发出的历时隐现事件。例 142、例 143 则分别运用介词短语补语句和趋向补语句建构了虚拟的空间位置关系。其中，例 142 将观察者驱车接近并最终到达"外严村"的过程建构成了"外严村"发出的历时隐现类虚拟运动，其中，介词短语"在眼前"指明了虚拟运动发生的位置。例 143 则将"山峦""大海"与观察者的静止位置关系建构成了风景作为虚拟运动主体发出的历时隐现事件。在此，句中核心动词"扑"表征了虚拟运动的方式，并且凸显了动作的时间性特征；趋向补语"进眼帘"则指明了虚拟运动的方向。

可以看到，一个完整的历时隐现类虚拟运动历程应包括以下几项要素：充当虚拟运动主体的 NP_1、充当隐现事件空间参照背景的 NP_2 以及表征虚拟运动主体隐现方式的 VP。同时，与历时位移类虚拟运动句不同的是，隐现类虚拟运动句中通常还会出现空间位置关系的观察者以及明确的时间信息。下面依次加以说明。

6.2.2.1　历时隐现类虚拟运动句中 NP 的语义特征

1）历时隐现类虚拟运动句中 NP_1 的语义特征

我们发现，在历时隐现类虚拟运动句中，充当虚拟运动主体的 NP_1 多为普通名词，且与历时位移类虚拟运动句中的 NP 相同，同样由不可在空间中发生真实位移的无生命物体充当，即具有"－生命""－移动"的语义特征。试观察下列例句：

例 144　雄伟密集的针叶林带渐渐变得稀疏矮小，荒芜的冻土地带来到眼前。（《世界博览》）

例 145　雄伟密集的针叶林带渐渐变得稀疏矮小，迎接我们的探险队员来到眼前。（自编）

例 146　又开了 20 多分钟，前方出现一道关卡封住去路，所有车辆都被截停在路边。（《世界博览》）

例 147　又开了 20 多分钟，前方出现一队警察封住去路，所有的车辆都被截停在路边。（自编）

可以看到，例 145 同例 146、例 146 同例 147 分别具有相同 VP。当句中运动主体由具有"－生命""－移动"语义特征的 NP 充当时，句子表现为典型的隐现类虚拟运动句；而当句中运动主体由具有"＋生命""＋移动"语义特征的 NP 充当时，句子则表征真实的隐现事件。

例如，在例 144 中，观察者朝向"冻土地带"发出了真实位移，二者的空间位置关系继而发生了变化。而句子的表达形式将上述真实隐现事件建构成了"冻土地带"作为运动主体发出的历时隐现类虚拟事件——"来到眼前",即认为,句中空间位置关系的改变是"冻土地带"发生隐现事件的结果,"冻土地带"无生命且不可在空间中发生真实的"出现"类事件,例144表现为一个典型的历时隐现类虚拟运动句。而具有相同动补结构的例145则表征了由生命度高且可自由移动的NP——"探险队员"发出的真实的隐现事件,表现为典型的真实隐现运动句。同样地,在例146中,当运动主体由具有"－生命""－移动"的"关卡"充当时,句中空间位置关系发生的真实变化也被建构成了"关卡"发出的历时隐现类虚拟运动,即可以认为,"关卡"并不是固定设立的,而是突然"出现"在"前方"的。而在不改变句中其他构成要素的前提下,若将虚拟运动主体变换为生命度、可移动等级较高的"警察",句子则表现为典型的真实隐现句。

2） 历时隐现类虚拟运动句中 NP_2 的语义特征

我们接下来讨论表征隐现事件空间参照背景的 NP_2 的语义特征。我们发现,与 NP_1 不同的是, NP_2 多由方位名词或处所名词充当,通常占据更为广阔的空间背景,具有"＋处所"性;而与 NP_1 相同的是, NP_2 同样具有"－生命""－移动"的语义特征。例如:

例148 从1 600米的高空俯瞰,一弯微笑般的白色涟漪呈现在南太平洋平静的面容上。随着飞机缓慢下降,这缕白色便融入一排排浪花之中。直到降落的最后一刻,狭小的陆地才从海面显现出来。(《世界博览》)

例149 不久后,我坐火车去特鲁瓦,当火车穿过巴黎东北郊一大片衰败的荒地时,孤零零的一座铁塔以挑衅的姿态赫然出现在眼前,上面依然挂着那块破烂的牌子ZALEA……(《世界博览》)

在例148中,客观上"陆地"长期为海水所包围,"海面"与"陆地"具有真实、稳定的环绕位置关系。而观察者从自身视角出发,对二者上述静止位置关系进行了建构,且随着观察者所处位置的不同,建构方式也发生了一系列变化:当观察者处于"1 600米的高空"时,采用了客观的报道方式,整体展示了"海面"同"陆地"之间的环绕位置关系;"随着飞机缓慢下降",观察者又从自身视角出发,将"海面"与"陆地"间环绕的位置关系建构成了"陆地"作为运动主体发出的历时消隐类虚拟运动,即认为"陆地"已经"融入"海中;而由于同"陆地"垂直距离的继续变化,在"降落的最后一刻"时，观察者再次观察到了已经"消失"的"陆地"，并将此种由自身位置变化形成的视野变化建构成了真实度较低的历时出现类虚拟运动，即认为"陆地"与"海面"之间的位置关系是历时隐现类虚拟运动的结果，是在观察者着陆时突然形成的。在此，处所名词"海面"作为主要的空间参照物，为虚拟运动的发生提供了广阔的空间背景，具有"－生命""－移动"的语义特征。同样地，例149中的处所名词"眼前"也为"铁塔"作为虚拟运动主体建构历时隐现类虚拟运动提供了背衬。这时，"眼前"指代的具体位置是离观察者较近的"荒地"，同样具有范围宽广、生命度低、不可移动的语义特征。

6.2.2.2　历时隐现类虚拟运动句中 VP 的语义特征

在历时隐现类虚拟运动句中，核心动词结构用以表征虚拟运动主体的"出现""消失"等隐现活动，一般由具有"＋隐现""－及物"语义特征的 VP 充当，例如"出现""来到""显现""现出""展露""消失"等。同时，在建构隐现类虚拟运动时，由于凸显了虚拟事件的起点或终点，具有"＋隐现"语义特征的 VP 一般平行性地具有"＋有界"的时体特征。例如：

例 150　一座恢弘威严的城堡赫然出现在眼前，它屹立在半岛的最尖端，扼守着厄勒海峡最狭窄处。(《世界博览》)

例 151　黎明到来了，清晨的雾霭中渐渐现出斯特龙博利火山的庞大山形。(《世界博览》)①

例 152　只是隐约可见山下有条灰色的带子弯弯曲曲向北延伸，消失在古德伯伦斯达兰大峡谷之中，那就是欧洲6号公路。(北京大学 CCL 语料库)

例 153　车轮转着，远处变近了，落在后面。眼前的情景像云块变幻。新葡萄园、树林、乡镇、别墅和花园出现了，来到眼前，又消失了。(北京大学 CCL 语料库)

我们看到，例150、例151分别运用隐现动词"出现"和"现出"建构了"城堡"和"火山"作为运动主体发出的历时隐现类虚拟运动。由于凸显了虚拟事件的起点，VP 所表征的动作具有"＋有界"的句法特征。例152则运用隐现动词"消失"，将"欧洲6号公路"与"大峡谷"之间真实静止的

---

①　该例句摘自游记《乘着埃奥洛斯的风帆——西西里游艇之旅》(《世界博览》，2005)，所述风景为作者行船过程中所见。

穿插位置关系建构成了后者发出的历时"消隐"类虚拟运动，由于限定了消隐事件的终点，"消失"所表征的动作同样具有"＋有界"的句法特征；例153更是运用"出现""来到""消失"等隐现动词，展现了"新葡萄园、树林、乡镇、别墅和花园"作为运动主体所经历的完整的虚拟隐现运动，全句表征了一项起点、终点明确的历时虚拟隐现事件。

通过观察例句，我们发现，一些历时隐现类虚拟运动句的动词核心在建构"出现""消失"等虚拟运动事件的基础上，还进一步对虚拟运动主体的隐现方式进行了说明。例如，"闪现""冒出""横亘突兀出""映入""跃入""扑进""闪出"等动词结构强调了虚拟空间位置关系变化的突然性；而"淹没""掠过"等动词结构则着重对虚拟运动主体的消隐方式进行了展示。可以看到，此类动词结构着重对隐现类虚拟运动的时间性特征进行了凸显。试观察下列例句：

例154 山后闪出一条小路来。(《现代汉语词典》第五版，2005)

例155 呼家楼路口西去两三百米，路南一条小街，南行100来米，未及驻足，一座双层檐脊的竹牌楼已扑进眼帘，上有一匾，程思远题写——傣家村大酒店。(北京大学CCL语料库)

例156 坐在专门为观光者准备的马车上向半岛的深处走去，你会发现周围的稻田越来越多，而寺院就淹没在这无边的稻田中。(《世界博览》)

例157 舷窗外暮色四合，月光下，山峦黑黝黝的剪影不时从眼前掠过。(《世界博览》)

在例154中，客观上"山"同"小路"之间存在着稳定的"遮挡"位置关系，而观察者从主观出发，将自身视角改变引起的观察视野变化建构成了"小路"发出的虚拟隐现运动。在此，"闪出"强调了"山"同"小路"之间虚拟位置关系变化的突然性。例155中的"扑进眼帘"同句中的表时性成分"未及驻足"相互呼应，共同凸显了虚拟运动主体——"竹牌楼"所处空间位置的显著性。例156、例157中的VP"淹没"与"掠过"分别建构了"寺院"和"山峦"作为虚拟运动主体发出的虚拟消隐事件。其中，"淹没"揭示了"寺庙"同"稻田"间虚拟位置关系的渐变性，"掠过"则凸显了"山峦"同观察者相对位置关系变化的瞬时性。

6.2.2.3 历时隐现类虚拟运动句中的时间性表达

在讨论历时隐现类虚拟运动句VP语义特征时，我们指出，此类虚拟运动句的 VP 应具有" + 有界"的时体特征。通过分析例句,我们发现,历时隐现类虚拟运动句的时间性特征还集中体现在时间副词、频率副词等的运用上。试观察:

例 158 这里的河岸到处都是这样的生机勃勃,河湾一个接着一个,岸边的丛林中不时会横亘突兀出古堡和断墙来。(《世界博览》)

例 159 夏季的小城,放眼望去,五颜六色的房屋、窗前绚丽的花朵、雪白整齐的廊柱,间或闪现出教堂的浅绿色或金色屋顶。(《世界博览》)

例 160 那里可以有岸线弯曲不平的池沼、羊群悠闲放牧的草地,只有偶尔跃入眼帘的亭台楼阁才让人想到,这不是林子,而是花园。(《世界博览》)

例 161 但随即这种看法得到了改变,因为车行中发现马路的中央或是街角处冷不丁会冒出一些大小不一的庙舍或神龛,虔诚的信徒正跪在那里拜谒,香火缭绕。(《世界博览》)

例 162 德强和王班长、于水,翻过一山又一山,走进大山沟里,一个十几户人家的小村庄,突然出现在眼前了。(北京大学 CCL 语料库)

例 163 山腹河怀之间,一座座小镇如电影镜头依次展现:教堂塔顶高耸,农舍偶起炊烟,公路轿车疾驰,河上轻舟往返。(《世界博览》)

可以看到,例 158 至例 163 分别建构了"古堡和断墙""屋顶""亭台楼阁""庙舍或神龛""小村庄""小镇"作为虚拟运动主体发出的出现类虚拟事件。而客观上,上述虚拟运动主体同其空间参照背景之间的位置关系并未发生变化。也就是说,在真实层面上,例 158 至例 163 表达的是一种静止的存在位置关系。例如,例 158 中的"古堡和断墙"长期存在于"岸边的丛林之中";例 159 中的"教堂"常年位于"小城"里,等等。我们认为,句中虚拟隐现运动的深层生成机制在于观察者视线的移动。观察者首先对于空间中的静止客体进行次第扫描,继而形成对于空间客体间位置关系的主观认识,并最终选择从真实度较低的主观角度对观察结果加以报道。而句中出现的时间副词,客观上表征的是观察者的视线扫描观察对象时所具有的频率、速度、顺序等时间性特征。我们认为,虚拟运动现象从本质上看是客观世界中的真实运动向人类认知经验领域的投射。在此,真实的视线移动所具有的时间性特征同样可以投射到虚拟运动领域,用于表征虚拟隐现事件发生的频率、速度、生成顺序等。

在例 158 至例 160 中,时间副词"不时""间或""偶尔"客观上表达观察者成功扫描到相应空间客体的频率,这一真实运动经验投射到虚拟运动领域，便转而表征虚拟运动主体生成出现类虚拟事件的频率。例如，在例158中，客观上"岸边的丛林"中长期分布着一定数量的"古堡和断墙"，观察者在对整个丛林进行次第扫描时便会"不时"看到此类建筑。在此，此种真实的、同时间感知相关的视觉认知经验投射到真实度较低的虚拟层面，对虚拟隐现运动——"横亘突兀出"的生成频率进行了说明。同样地，例161、例162中的时间副词"冷不丁""突然"客观上表征了观察者视线扫描到"庙舍或神龛"以及"小村庄"时的突然性。而例163中的时间副词"依次"则对观察者对于"教堂""农舍""公路""河流"等空间中静止客体进行次第扫描时所采取的时间顺序进行了凸显。

6.2.2.4 小结

综上，我们在总结历时隐现类虚拟运动句句法格式的基础上，对句法框架中各组成要素所具有的语义特征进行了探讨。我们认为，历时隐现类虚拟运动句主要涉及隐现句及动词补语句两类句式；充当虚拟运动主体的 NP_1 及充当空间参照背景的 NP_2 一般应具有"－生命""－移动"的语义特征，且 NP_2 多由方位名词或处所名词充当；进入历时隐现类虚拟运动句句法框架的 VP 应具有"＋隐现""－及物""＋有界"的语义特征；同时，此类虚拟运动句还可运用时间副词、频率副词等对历时虚拟隐现事件的时间性特征加以凸显。

6.2.3 汉语两类历时虚拟运动句句法框架小结

在本节中，我们分别对汉语历时位移类虚拟运动句及历时隐现类虚拟运动句的句法框架进行了归纳，并依次对两类虚拟运动句中 NP、VP 等构成要素的语义特征进行了挖掘。现将本节研究结论总结为表 6－1：

表 6－1 两类历时虚拟运动句句法框架

虚拟运动类别　　　　　　句法框架	历时位移类虚拟运动句	历时隐现类虚拟运动句
涉及句式	复杂多样	隐现句与动词补语句
虚拟运动主体（NP_1）	"－生命""－移动"	"－生命""－移动"
虚拟运动客体（NP_2）	"－生命""－移动"	"－生命""－移动""＋处所"
虚拟运动方式（VP）	"＋位移""＋有界"	"＋隐现""－及物""＋有界"
时间副词、频率副词	一般不添加	可添加

从表 6-1 可以看出，汉语两类历时虚拟运动句中表征虚拟运动主体和客体的 NP 具有较为相似的语义特征，均由无生命、不可移动的客体充当。而在句式选择、虚拟运动建构方式以及可否添加时间副词等方面也存在着一定差异。例如，在句式选择方面，汉语历时位移类虚拟运动句涉及的句式更为宽泛，而隐现类虚拟运动句的句式则集中表现为隐现句与动词补语句两种。同时，由于建构虚拟运动类型的不同，句中用于表征虚拟运动生成方式的 VP 的语义特征也各有侧重：历时位移类虚拟运动更强调 VP 所表征动作的完结性和位移性；历时隐现类虚拟运动则更注重 VP 对于句中 NP 出现、消失等隐现特征的凸显。

6.3 汉语历时类虚拟运动句中虚拟运动的生成原因和机制

在本章的前两节中，我们分别对汉语中存在的两类历时虚拟运动现象进行了静态描写。本节我们将在掌握历时位移虚拟运动句和隐现虚拟运动句句法框架的基础上，进一步挖掘两类句式生成虚拟运动的内在原因和深层机制。

6.3.1 汉语历时类虚拟运动句中虚拟运动的生成原因

我们看到，在运用历时类虚拟运动句对静止空间位置关系进行报道时，会生成真实度不等的两种相互矛盾的认知表现：在真实层面上，空间中的客体长期处于静止状态，并未发生历时的位移或隐现类运动；同时，在真实度较低的虚拟层面上，句子的表达形式将空间中客体的静止位置关系建构成了历时虚拟运动的结果。真实的认知经验来源于人类积累的关于空间位置关系的常识，那么，历时虚拟运动句对于虚拟运动的建构能力又从何而来呢？

我们认为，虚拟运动句的句法框架对于虚拟运动的生成能力并不是单独由某一进入该框架的 NP 或 VP 的语义特征带来的，而是进入框架各要素所具有的语义特征相互作用、相互激活的结果。当句中 NP 同 VP 的语义特征产生矛盾时，人类出于理解的需要会对相互冲突的语义特征加以主观整合，继而接受某一 NP 发出的、不符合其运动特征的运动事件，虚拟运动就此产生。例如：

例 164 庞大的喜马拉雅山脉向南一直延伸到伊斯兰堡，再往南去就是宽阔肥沃的印度河平原。(《世界博览》)

例 165 这里也是德国著名的"葡萄园之路"的所在地，眼前不时闪过平整的坡地，一行行小木桩呈格状分布，如围棋盘一般。 (北京大学 CCL

语料库）

我们看到，在例164中，"喜马拉雅山脉"占据的空间位置具有稳定性，它所具有的"－生命""－移动"的语义特征同句中核心VP——"延伸"所具有的位移性特征相互冲突，经过对于二者语义特征的整合，人们主观上接受了由"喜马拉雅山脉"作为运动主体发出位移事件，继而建构了真实度较低的延展类虚拟运动。而例165所表征的历时隐现类虚拟运动事件，也经历了主观整合句中NP、VP语义特征的过程。

观察历时类虚拟运动句的句法框架可以发现，进入此类虚拟运动句的NP均具有"－生命""－移动"的语义特征。也就是说，此类虚拟运动句中的虚拟运动主体和虚拟运动客体不可在空间中生成位移，二者之间具有静止的位置关系且此种位置关系具有强持续性。我们知道，持续的状态具有极强的无界特征，这就与进入同一句法框架的VP所具有的"＋有界"的时体特征产生了矛盾。在此，NP同VP的共现必然会引起句子语义特征的冲突，这就要求人们对句法框架各构成要素的语义特征加以整合。而整合的结果便是，人们主观上接受了真实度较低的、由空间静止客体发出的有界事件。具体地讲，在历时位移类虚拟运动句中，人们经过主观整合建构了由客观上静止的NP所生成的位移事件；而在历时隐现类虚拟运动句中，人们则通过整合接受了由空间中恒久静止的NP发出的隐现事件。试观察例句：

例166 山脚蜿蜒流淌的河水因融自冰川而又富含石灰质，呈现出奇特的灰蓝色，将河岸经年累月冲刷出一道道斧劈刀削般的峭壁，峭壁之上是绿树红花簇拥着的宁静小镇，石砌的质朴民房星罗棋布般散落在青山翠谷之中，沿喀什昆仑公路一直北上到离中国边境30公里左右处，半山会出现一座背衬雪峰庄严肃穆的古堡，这座始建于13世纪名叫巴尔提特的古堡俯瞰的河谷便是我们此行的终点——罕萨。（《世界博览》）

可以看到，例166对两类历时虚拟运动句均有涉及。客观上，"民房"同"青山翠谷"、"古堡"同"山脉"之间具有稳定的静止位置关系，且此种位置关系具有"＋持续"性，这便同句中核心VP"散落""出现"所具有的"＋有界"的时体特征构成了冲突。人们通过对于句法框架各核心要素语义特征的整合，分别接受了由具有"－生命""－移动"语义特征的"民房"及"古堡"作为运动主体发出的历时位移事件和历时隐现事件，继而建构了真实度较低的历时位移虚拟运动句及历时隐现虚拟运动句。

6.3.2　汉语历时类虚拟运动句中虚拟运动生成的机制

美国语言学家马特洛克近年来通过反应时长、绘画、眼球运动等一系列心理学实验（2001a，2001b，2003，2004a，2004b，2005，2006），逐步对人类建构延展类虚拟运动时的思维运动轨迹进行了勾勒，并在实验的基础上提出，人类在对延展类虚拟运动表达进行解码时，对于真实延展类事件进行了模拟（simulation）。

我们认为，汉语历时类虚拟运动句中虚拟运动的生成机制与延展类虚拟运动表达相同，都来自人类真实运动经验向虚拟层面的投射。下面我们对汉语历时位移类虚拟运动句同历时隐现类虚拟运动句中虚拟运动的生成机制进行具体的探讨。

6.3.2.1　汉语历时位移类虚拟运动句中虚拟运动的生成机制

在人类的认知经验中，位移运动（包括身体位移及视线移动）是人类感知空间方位、探索空间位置关系的最初始同时也是最为重要的手段。人类在真实位移运动中建构了完整的空间方所体系，并习得了一系列空间位置关系变化的规律。例如，认知经验告诉我们：将 A 物体塞入 B 物体中可使空间中本不相关的 A、B 形成穿插或围绕的位置关系；将 A 物体置于 B 物体之上会使二者构成覆盖的位置关系；用 A 物体支撑 B 物体可使二者形成倚靠的位置关系等。这些与位置变化相关的认知经验经过不断强化，已经进化成了人类的一系列认知本能。也就是说，人类在不断重复的真实位移运动中，逐步建立起了相应动作同空间位置之间的固定联系，以至于人们看到某一动词，就能马上在头脑中激活该动词所表征的事件可能引发的一系列真实位置关系改变。同样地，当人们观察到某种特定的位置关系时，也会自然推理出此种位置关系的形成可能是某种特定历时运动的结果，即人类具有通过相应客体之间位置关系特征推断历时运动的认知能力。

例如，在对车祸现场进行考察时，我们会自然联想到相撞车辆的现有位置关系是违章车辆发出的历时位移运动所引发的结果；在列车脱轨事故现场，观察"列车"同"轨道"的最终位置关系便可对列车大致经历的历时位移事件进行报道（如"列车冲出了轨道，所幸未造成人员伤亡"或"列车驶离了轨道，所幸未造成人员伤亡"等）；又如，交警可凭相关车辆的位置分布特征判断事故责任等。

我们认为，上述位移动词与真实位置关系相互激活的认知经验同样也可投射到虚拟层面，建构真实度较低的历时位移虚拟运动。这样，当人们观察到空间中静止客体的某种特定位置关系时，便会在头脑中激活真实世界中便于生成此种位置关系的位移动词，继而运用该动词建构相应的历时虚拟位移运动。试观察例句：

例 167　山坳里稀稀落落地点缀了几户人家，襟山带水，掩映在红云绛雾之间，在静如太古的苍茫中，织结出一幅如烟如梦的桃源仙境。（北京大学CCL 语料库）

例 168　筛过机窗俯瞰，一条"绿色长廊"劈开连绵不断的茫茫沙海，随着河流走势向前伸展，与两边寸草不生、渺无人烟、单调枯黄的大漠景观形成鲜明对照，这就是举世闻名的尼罗河谷。（北京大学 CCL 语料库）

在例 167 中，核心动词"点缀"在表征真实历时位移运动时对应一种特殊的空间位置关系——点缀物附着于空间背景之上且点缀物本身具有总量少、密度低的分布特征。这样，当人们观察到空间中可移动物体呈现出此种位置关系时，便会由果溯因地认为，此种空间位置关系是历时位移运动——"点缀"所引发的。在此，"点缀"同相应位置关系之间相互激活的认知经验也投射到了虚拟层面。当人们发现具有"－生命""－移动"语义特征的"人家"同样具有"总量少、密度低"的空间分布特征时，便激活了动词"点缀"表征真实运动时所具有的语义特征，继而建构了"人家"作为运动主体生成的历时位移虚拟运动。

在例 168 中，核心动词"劈"所表征的动作则与穿插的位置关系相互激活。同时，位移运动主体（在此指"劈"这一动作所涉及的工具）同运动作用平面（在此指被劈开的物体所呈现的平面）之间具有垂直的位置关系。我们看到，在例 168 中，观察者的观察视点位于高空，其所观察到的"尼罗河谷"同"沙漠"恰好兼顾了上述"穿插""垂直"的空间位置关系，这便激活了动词"劈"表征真实位移运动时所具有的语义特征，建构了"尼罗河谷"作为运动主体发出的历时位移虚拟运动。

6.3.2.2　汉语历时隐现类虚拟运动句中虚拟运动的生成机制

汉语历时隐现类虚拟运动句一般涉及虚拟隐现主体、虚拟隐现背景与观察者三项要素空间位置关系的表达。其中，前两项要素具有"－生命""－移动"的语义特征，二者之间具有真实静止的位置关系；而观察者的视线甚至观察者本身则一直处于运动状态中。我们认为，隐现类虚拟运动句中虚拟运动的生成正是观察者或观察者视线发生线性位移的结果。通过对于空间中静止客体所进行的次第扫描,观察者逐步生成了对于空间位置关系的主观感知经验,并选择运用真实度较低的隐现类虚拟运动句对之进行表达。在此,人类视线的真实移动经验投射到了虚拟的空间位置关系表达上,虚拟运动由此产生。例如:

例 169 站在四方街中间,只见几条五彩的石板路从几个方向游进古城深处,消失在密密的房舍中。(北京大学 CCL 语料库)

可以看到,在例 169 中,观察者在对石板路的走向进行线性扫描时,由于视线受到房舍的遮蔽,扫描活动被迫中断。观察者继而从主观视角出发,将自身视线的真实移动经验投射到了"石板路"同"房舍"的空间位置关系表达上,建构了"石板路"作为虚拟运动主体发出的历时消隐类虚拟运动。

6.3.3 小结

以上我们对汉语两类历时虚拟运动句中虚拟运动的生成原因和机制进行了探讨。我们认为,此类虚拟运动句中虚拟运动的生成是进入框架的 VP、NP 所具有的语义特征相互作用、相互激活的结果。而虚拟运动的生成机制则在于真实运动经验向虚拟层面的投射。其中,位移类虚拟运动句的生成机制在于,位移动词与真实位置关系相互激活的认知经验在虚拟层面的投射;而隐现类虚拟运动的生成机制则在于,人类视线的真实移动经验在虚拟空间位置关系表达上的投射。

6.4 本章小结

本书集中对汉语中从人类自身视角出发,通过建构空间中某一静止客体的历时虚拟运动,对该客体的位置特征进行表征的历时虚拟运动现象进行探讨。我们在明确历时虚拟运动句界定标准的基础上,依照虚拟运动生成模式的差异,将历时虚拟运动句进一步分为了历时位移虚拟运动句及隐现虚拟运动句两个子类,并分别对两类句式的句法框架进行了归纳。

我们认为,两类历时虚拟运动句中表征虚拟运动主体和客体的 NP 均应具有"-生命""-移动"的语义特征;同时,依照建构虚拟运动类型的不同,句中用于表征虚拟运动生成方式的 VP 的语义特征也各有侧重:历时位移类虚拟运动句中的 VP 一般具有"+位移""+有界"的语义特征,而历时隐现类虚拟运动则更注重 VP 对于句中 NP 出现、消失等隐现特征的凸显,VP 一般具有"＋隐现""－及物""＋有界"的语义特征。

　　本章最后还对汉语历时类虚拟运动句中虚拟运动的生成原因和机制进行了探讨，指出：历时虚拟运动句的句法框架对于虚拟运动的生成能力是进入框架各要素所具有的语义特征相互作用、相互激活的结果；而虚拟运动的生成机制则在于真实运动经验向虚拟层面的投射。

7 关于汉语虚拟运动现象的几点思考

在本章中，我们将围绕本书研究的虚拟运动现象，重点就以下几点问题进行进一步的探讨：第一，研究虚拟运动现象的价值何在？第二，汉语虚拟空间静止位置关系句与事件句、存在句有何关联？第三，汉语中还存在哪些较为常见的、与空间位置关系建构相关的虚拟运动现象？

7.1 虚拟现象的研究价值

观察本书的论题可以发现：首先，本书研究的是语言中与真实表达相对立的虚拟现象；其次，语言中的虚拟现象可进一步分为虚拟静止、虚拟运动两类，我们仅选择后者进行了研究。下面，我们分层讨论研究语言中虚拟运动现象的价值所在。

我们认为，将语言中的虚拟现象作为考察对象，主要有以下几点价值：

第一，真实与虚拟是人类认知中最为基本的对立范畴，虚拟现象普遍存在于人类认知的各个层面。对之进行研究，有助于发掘人类认知中的虚拟系统，揭示真实与虚拟的对立。

认知语言学将世界分为客观世界、认知世界和语言世界。人类一直以来都在试图对客观世界加以感知，并运用语言手段对感知到的世界加以外化。对此，人类既可以选择从科学角度出发，对外部世界进行客观真实的报道，同时也可选择从自身视角出发，对外部世界加以主观的感知。上述报道角度的差异与人类认知水平、认知倾向、语用需要等因素密切相关。例如，由于认知水平的局限，人类习惯通过主观的视觉感知，将由地球自转引起的日夜交替报道为太阳的东升西落，将月食的过程编码成为运动事件——"天狗吃月亮"。又如，人们可以主观判定曲线是由直线经历凹凸曲折运动后形成的；观察一个大于180°的扇形（Pac Man）图案时，在真实地"看到"一个可及度很高的静止图案的同时，也可同时"感受"到这样一个可及度较低的虚拟事件，即：该扇形是由圆形脱落一角后形成的（Talmy，2000）。再如，人类可根据话语对象的不同，对报道角度加以调整，当听者为孩子时，人们往往倾向于采用主观、虚拟的报道方式。

我们认为，人类认知过程中客观性与主观性的对立，直接决定了人类认识外部世界过程中，普遍存在着真实与虚拟的对立。真实与虚拟是人类认知中最为基本的对立范畴，二者的对立贯穿人类认知的各个层面。

首先，真实和虚拟的对立大量存在于人类的视觉感知层面。2008 年北京奥运会开幕式上的"大脚印"便较好地诠释了人类视觉感知对于真实运动的虚拟。在此，脚印确实发生了真实层面的运动，但此种真实运动表现为垂直方向上的"点"运动，即每个脚印都是由若干光束垂直喷射形成的，但人们接收到的视觉信息却虚拟了脚印在水平方向上的线性位移，即人们感觉到脚印"动起来了"。

其次，真实和虚拟的对立还存在于人类的听觉感知层面。例如，在听到轰隆而过的雷声时，人们可从主观听觉经验出发，将"雷声"在不同位置的真实"点"运动，建构成为包含运动方向及虚拟位移的"线性"运动，进而认为"雷声远去"。同样的例子还包括"掌声响成了一片"等。

第二，真实与虚拟的对立存在于语言表达的各个层面，语言中存在完整的虚拟系统。对语言中的虚拟现象进行考察，有助于发现语言中真实同虚拟的对立。

我们认为，语言是人类内在心理认知模式的外化手段，人类认知中真实与虚拟的对立会直接投射到语言层面。通过观察我们发现，人类语言表达中同样存在着大量虚拟现象，涉及空间、时间、心理、变化等多种概念范畴的表达。

人类在表达空间位置关系时，存在着大量将真实静止场景虚拟成为运动事件的现象。在这种情况下，句子实际表达的是静止的场景，而构成句子的语言形式虚拟了客体的运动。例如："The fence goes from the plateau to the valley"成功地建构了篱笆朝向山谷延伸的意象，而常识则告诉我们，篱笆和山谷之间存在着真实静止的空间位置关系。

人类在表达时间范畴时，同样涉及较为典型的虚拟运动现象。我们知道，时间客观上具有一维性，由过去经现在向将来无始无终地匀速流动，而人类则可依据主观经验，将时间的方向及流速进行主观的虚拟建构。例如："冬天来了"虚拟了未来时点与说话人目前所处时点的相对位置关系。又如，"时间永远停留在 2008 年 5 月 12 日 2 点 28 分"则将时间的流速进行了虚拟静止建构。

虚拟运动现象还大量存在于心理活动表达范畴。我们知道，人类的思维、情感等心理活动看不见、摸不着，具有较强的抽象性。在对抽象的心理活动进行语言编码时，人类也可从主观经验出发，对相关语言现象进行虚拟建构。例如，人类可将生气、愤怒等心理感受建构为垂直方向的虚拟位移运动，如"按捺不住心中的怒火""怒气冲天""火冒三丈"等。

通过观察我们发现，虚拟变化同样表现为一类典型的虚拟运动现象。在这种情况下，不同事物个体所发生的"点"变化常常通过主观认知，被建构成为"线"或"面"层面上的变化。我们日常生活中观看的动画或电影胶片便是很好的例子，在动画的制作过程中，每一帧画面较之前一帧均发生了细微变化，在合成放映时，利用人类视觉感知中的"视觉滞留效应"，单帧画面便被建构成了连续的影像。人类语言表达中也存在着相关虚拟变化现象。例如：

例 170 The soil reddens towards the east. 土地的颜色越往东越红。（Talmy，2000）

在此，土地颜色的渐变被建构成了水平方向上的虚拟延展运动。

第三，研究语言中的虚拟运动现象对于揭示汉语运动性表达连续统存在重要意义。

静止和运动是语言中一组对立的范畴，人类同样可以从科学和主观感知两种角度对二者进行认知，进而生成真实静止、虚拟运动、虚拟静止和真实运动等四类不同的语言表达方式。这四类表达方式分别对应不同的句法形式，且它们对运动性的表达可构成一个由弱到强的连续统，所体现的运动性依次递增。目前国内的研究多集中在人类对真实静止以及真实运动所进行的客观表达上，对于汉语中存在的虚拟运动现象的系统研究尚未引起学界的关注。我们认为，虚拟运动现象处于汉语运动性表达的连续统之中，对此类语言现象进行研究对解释汉语运动性表达系统具有重要价值。

综上所述，研究汉语空间位置关系表达中的虚拟运动现象，有助于凸显语言真实和虚拟的对立关系、发掘汉语空间表达中的虚拟现象，同时，也有助于揭示汉语运动性连续统、完善汉语空间方位表达系统。基于以上几点，我们认为，此论题具有重要的理论价值。

7.2 汉语虚拟空间静止位置关系句与事件句、存在句的关联

在本书第 4 至 6 章中，我们分别将汉语延展类虚拟运动句、汉语姿势类虚拟运动句以及汉语历时类虚拟运动句作为独立的句式进行了描写与分析。下面我们继续探讨以上三类虚拟运动句同汉语存在句与事件句之间的联系，进而发现三类句式在句法框架和运动性表达上的关联。

7.2.1 三类句式在句法框架上的联系

通过前文的分析，我们得出汉语三类虚拟空间位置关系句均符合 $NP_1 + V + NP_2$ 的语法结构，其中 NP_1 与 NP_2 分别构成虚拟运动的运动主体和空间中静止的客体，并由具有"－生命""－移动"语义特征的名词性成分充当；动词则体现了虚拟运动的发生方式，由可构成与之相对应的真实运动事件句的动作动词充当。而汉语存在句的基本句法结构为 $NP_L + V + NP$，其中，NP_L 构成空间场景，由处所词语充当；NP 构成空间中存在的事物，由受数量词或其他定语修饰的名词构成；动词则体现了事物存在的方式，由"有"、"是"或"V 着"结构充当。

可以看出，汉语虚拟空间静止位置关系句和存在句的整体句法框架有着较高的相似性，但两句式各组成要素的语法和语义特征均存在着一定差异。

我们认为，汉语的虚拟运动现象是客观世界中存在着的真实运动向人们认知经验结构进行投射的产物。虚拟运动在真实世界中均可找到真实运动的原型。在这种投射进行的过程中，汉语虚拟运动句借用了相应真实事件句的动词核心，从而实现了对真实运动的运动方式的拷贝。

汉语虚拟空间静止位置关系句亦借用了相应事件句的动词核心。其中，延展类虚拟运动句与历时位移类虚拟运动句相同，均借用了真实位移运动事件句的动词核心；姿势类虚拟运动句借用了人类真实零位移活动句的动词核心；而历时隐现类虚拟运动句则借用了真实隐现句的动词核心。

例如，在延展类虚拟运动句例 36 中，汉语借用构成例 37 类真实穿插类事件句的动词核心"穿"，表现了空间中两静止客体之间穿插的位置关系；在姿势类虚拟运动句例 95a 中，汉语借用了构成例 95b 类真实倚靠类事件句的动词核心"靠"，表现了空间中两静止客体之间倚靠的位置关系。又如，历时位移类虚拟运动句例 131 同真实位移事件句例 132 具有相同的动词核心"散落"；而在历时隐现类虚拟运动句例 144 中，句子则采用真实隐现句的动词核心"来到"，表现了观察者同"冻土地带"之间空间位置关系的变化。

综上所述，我们可以将空间静止位置关系句、存在句与事件句在句法框架上的联系总结为：汉语虚拟空间静止位置关系句同存在句有着相似的句法框架，但它借用的是相应事件句的动词核心。

7.2.2 三类句式的运动性表达连续统

7.2.2.1 存在句、虚拟空间静止位置关系句同事件句运动性连续统

汉语的存在句可分为静态存在句和动态存在句。其中，静态存在句作为存在句的典型形式，也用于对空间静止位置关系的描述。与汉语虚拟空间静止位置关系句不同的是，静止存在句对空间客体间的静止位置关系进行了客观的、真实的表现，是一种典型的静止句。而汉语的事件句则用于表现真实的运动，是典型的运动句。

我们认为，汉语不同句式运动性的表达可构成一个由弱到强的连续统：其中，存在句同事件句分别位于该连续统的两极位置；汉语虚拟空间静止位置关系句由于采用虚拟运动的方式，对空间静止位置关系进行了重构，句式整体体现出的运动性强于存在句；同时，由于人们在接受对空间静止位置关系进行虚拟的现象时，经历了整合句子表达内容与主观认知经验的阶段，虚拟运动句的运动性在一定程度上受到了削弱，句式整体体现出的运动性弱于事件句。也就是说，汉语存在句、虚拟空间静止位置关系句与事件句的运动性表达处于一个连续统之中，三种句式的运动性依次递增。

7.2.2.2 汉语姿势类、延展类、历时类虚拟运动句运动性连续统

以上，我们讨论了汉语存在句、虚拟运动句同事件句在运动性表达上的差异。我们认为，本书讨论的三类虚拟运动句内部在运动性表达上同样存在着一定的梯度性。我们知道，虚拟运动句之间的差异集中体现在句中核心动词的选择上，动词的句法、语义特征直接决定着相应句式运动性的强弱。现将三类虚拟运动句核心动词的语义特征概括为表7-1：

表7-1 三类虚拟运动句核心动词的语义特征

虚拟运动类别		核心动词语义特征
延展类虚拟运动句		"+位移""+方式""+无界"
姿势类虚拟运动句		"+拟态""-位移""+无界""+强持续性"
历时类虚拟运动句	历时位移类虚拟运动句	"+位移""+有界"
	历时隐现类虚拟运动句	"+隐现""-及物""+有界"

观察表 7－1 可以看到，本书研究的三类虚拟运动句在句法、语义特征上主要存在以下两点差异：

第一，从句法特征上看，进入汉语历时类虚拟运动句的核心动词具有"＋有界"的时体特征，而延展类、姿势类虚拟运动句中的 VP 均表现为无界动词。

第二，从语义特征上看，延展类虚拟运动句中的 VP 具有"＋位移"性，句子建构了动态性较强的位移运动；而姿势类虚拟运动句中的核心动词由具有"－位移"语义特征的 VP 充当，句子建构了空间中的零位移活动，动态性较弱。

基于以上两点差异，我们可以得出以下两点认识：首先，由于句子建构了有界的运动，汉语历时类虚拟运动句的动态性强于表征无界、强持续性运动的延展类虚拟运动句及姿势类虚拟运动句；其次，延展类虚拟运动句的运动性强于姿势类虚拟运动句。也就是说，本书研究的汉语三类虚拟运动现象在运动性表达上同样存在着由弱至强的连续统：历时类虚拟运动句＞延展类虚拟运动句＞姿势类虚拟运动句。

7.2.2.3 小结

综合前面的研究结论，我们认为，本书研究的延展类虚拟运动句、姿势类虚拟运动句、历时类虚拟运动句同汉语存在句、事件句之间在运动性表达上可以构成一个由弱到强的连续统，如图 7－1 所示：

存在句 ＜姿势类虚拟运动句 ＜ 延展类虚拟运动句 ＜ 历时类虚拟运动句 ＜ 事件句

动　态　性　渐　强　————————→

图 7－1

试观察例句：

例 171　如果将目光投向赤道附近海域，就可以看到太平洋同印度洋之间存在着星星点点的岛屿。——存在句（自编）

例 172　如果将目光投向赤道附近海域，就可以看到星星点点的岛屿错落有致地躺在太平洋和印度洋的怀抱里。——姿势类虚拟运动句（《世界博览》）

例 173　如果将目光投向赤道附近海域，就可以看到星星点点的岛屿错落有致地由太平洋向印度洋延伸。——延展类虚拟运动句（自编）

例 174　透过舷窗将目光投向赤道附近海域，我看到星星点点的岛屿从眼前依次滑过。——历时类虚拟运动句（自编）

例 175　我驾机从太平洋同印度洋之间星星点点的岛屿上空飞过。——普

通事件句（自编）

观察以上例句可以发现，从例 171 至例 175，句子的表现形式将观察者"我"与"岛屿"以及"太平洋和印度洋"之间的位置关系进行了不同建构。我们看到，例 171、例 172 采用整体扫描的方式对"岛屿"同"大洋"之间的位置关系进行了报道，句中不涉及视线的真实移动，句子具有较强的静止性。其中，例 171 采用存在句的形式对空间客体间的位置关系进行了真实报道，句子的动态性为零。例 172 则将"岛屿"混杂于"大洋"之间的意象建构成了"岛屿"作为虚拟运动主体发出的拟人姿态——"躺"，运动性特征较之例 171 略强。而例 173 则通过观察者视线的真实次第扫描，建构了真实度较低的延展类虚拟运动意象，全句具有一定的动态性特征。同上述三个例句不同，例 174、例 175 涉及了观察者的真实位移，动态性较高。其中，例 175 表征真实的位移事件，动态性最高；而例 174 则由于建构了"岛屿"作为虚拟运动主体发出的真实度较低的位移事件，较之例 175，全句的动态性受到了一定程度的削弱。由此可见，由例 171 至例 175，句子的整体动态性特征依次增强。

7.3　汉语中值得进一步探讨的虚拟运动现象

我们认为，汉语存在着丰富、复杂的同空间位置关系表达相关的虚拟运动现象。由于篇幅有限，本书集中研究了汉语中存在的延展、姿势、历时三类虚拟运动现象。通过观察例句，我们发现，汉语中还存在着其他较为典型的、同空间位置关系表达相关的虚拟运动现象，下面分别进行简述。

7.3.1　汉语源点类虚拟运动现象

泰尔米指出，英语中存在着一类源点类虚拟运动现象（emanation path），在该类虚拟运动现象中，空间中某点发出不可及物体并最终对空间中的另一实体产生影响。我们认为，汉语中的虚拟运动现象同样可以按照有无运动源点的标准加以分类。在源点类虚拟运动句中，虚拟运动主体表现为具有真实端点的实体，句子的表现形式建构了由该端点发出的位移类虚拟运动现象或零位移类虚拟运动现象。试观察下列例句：

例 176　影子投在窗户上。（《现代汉语词典》第五版，2005）

例 177　现在，我置身于一个阁楼上。在微光中，看到手表的短针正指着三点三分。（《世界博览》）

可以看到，例176、例177分别将"影子"同"窗户"、"表针"同"刻度"之间的静止位置关系进行了重新建构。其中，例176将"影子"同"窗户"之间重叠的位置关系建构成了"影子"作为虚拟运动主体、以投影物体为源点、指向"窗户"发出的虚拟位移运动；而例177则将"表针"同"刻度"之间指向的位置关系建构成了以"表针"端点为源点发出的零位移虚拟运动。

7.3.2 汉语相对类虚拟运动现象

泰尔米认为，英语中存在着一类相对虚拟运动现象，在此类虚拟运动现象中，观察者与其所处环境的相对运动关系发生了换位——真实静止的外部环境被建构成了运动状态，并朝向观察者发出了虚拟的位移运动。例如：

例178 I was walking through the woods and this branch that was sticking out hit me. 我在穿越丛林时被横枝打到。（Talmy，2000）

观察例178可以发现，在真实层面上，"我"朝向"树枝"发出了位移运动，而句子的表现形式将"我"同"树枝"之间的运动关系进行了倒置，句子建构了"树枝"朝向"我"发出的击打类虚拟运动。

通过观察例句我们发现，汉语中此类虚拟运动现象也非常普遍。如例179、例180所示。我们认为，此类虚拟运动句中虚拟运动的生成同人类的观察视角密切相关。当人类从主观视角出发，将取景窗口从整体切换到自身时，便会生成此类虚拟运动主体同虚拟运动作用对象相互倒置的虚拟运动现象。

例179 我坐在车上，看熟悉的景物渐渐远去。（自编）

例180 我脚踩双轮，悠闲地穿梭在田野小径上，享受微风轻吹发际的滋味，让一切景物缓缓地或者飞速地从眼旁滑过。（《世界博览》）

可以看到，例179、例180均将"观察者"同"景物"之间的相对位置关系进行了重现建构。在此，"我"发出的真实运动事件被建构成了"景物"作为虚拟运动主体发出的位移运动。

7.3.3 汉语方式类虚拟运动现象

根据泰尔米对于方式类虚拟运动现象的定义，此类虚拟运动现象在某种程度上均涉及认知主体对于空间中某实体的运动方式所进行的虚拟建构。在这种情况中，句子的表达形式建构了空间中某实体沿某路径发出的位移运动，而同时常识告诉我们，该物体或者实际上处于一种静止状态，或者其真实运动方式与句子表达相异。例如：

例 181　雷声远去，大雨袭来。（自编）

例 182　原野上，车子独自剪开麦田小径，白日下的无垠感似乎骤然收缩，大地仿佛温情脉脉地弯成了拱，相距最远的两端渐渐地不那么老死不相往来了。（《世界博览》）

观察例句可以发现，在真实层面上，例 181 表现为每个"雷"单独发出的"点"运动，而句子的表现形式"连点成线"，将其建构成了由一串"雷"发出的延展类虚拟位移运动。例 182 也从观察者的视角出发，虚拟了"大地"由局部"收缩"而引起的弧度变化。

8 结　语

在本章中，我们将集中对本书所做的工作加以总结，在梳理研究成果的基础上，提出本书的创新性工作，指出本研究存在的不足，并对后续研究提出展望。

8.1　本书的研究结论及研究意义

在本节中，我们将集中梳理本书的主要研究成果，并对本研究的一些创新之处进行总结。

8.1.1　本书的研究结论

本书依托泰尔米提出的虚拟运动理论，集中对汉语中针对空间静止位置关系进行建构的虚拟运动现象进行了考察。考察结果表明，同英语相同，汉语中也存在着大量同空间位置关系表达相关的虚拟运动现象。较为常见的虚拟运动现象包括延展类虚拟运动句、姿势类虚拟运动句、历时类虚拟运动句等。下面，我们对本书所做的工作简单加以总结。

本书的研究主要涉及以下几个方面。

8.1.1.1　引入虚拟运动理论并对其进行译述

在 1996 年进行的一项研究中，泰尔米首次系统、深入地对英语中的虚拟现象——特别是虚拟运动现象——进行了考察。该研究明确界定了虚拟运动的定义，并对英语的虚拟运动体系进行了初步建构，为同虚拟运动相关的后续研究奠定了坚实的理论基础。

我们看到，自泰尔米提出虚拟运动理论以来，各国学者又分别从理论探讨、跨语言对比以及心理实验等方面对不同类型语言中的虚拟运动现象进行了探讨，涉及英语、法语、西班牙语、意大利语、瑞典语、塞尔维亚语、日语、泰语等多种语言。由此可见，虚拟运动现象存在于人类的多种语言中，具有一定的普遍性。而针对汉语的虚拟运动研究则起步较晚，相关研究成果也十分有限。我们认为，这与汉语中尚未引入虚拟运动理论密切相关。本书做的理论介绍工作则弥补了这一空缺，特别是本书第 3 章对于泰尔米虚拟运动理论的译述，更为虚拟运动相关的后续研究提供了便利。

8.1.1.2 对虚拟运动研究成果进行了综述

自泰尔米提出虚拟运动概念以来，在最近的十余年中，各国学者分别从不同方面对语言中的虚拟运动现象进行了考察。本书依据研究角度的不同，将学界对于虚拟运动的研究分为理论探讨、跨语言对比和实验研究三方面，并进行了较为全面的综述。

其中，理论研究关注虚拟运动的定义、分类、句法语义制约以及认知机制等。通过整理相关文献，我们看到，目前对于虚拟运动的理论研究是以泰尔米（1996，2000）关于虚拟运动的界定和分类为基础展开的。我们并未发现对于英语以外其他语言中的虚拟运动现象所进行的系统研究。现有的理论研究多围绕延展类虚拟运动展开，且研究焦点多集中于此类虚拟运动现象的内部分类、构成要素的语义特征以及内部认知机制上。虚拟运动表达的跨语言对比研究同样较为关注延展类虚拟运动句，对比焦点包括句中的路径信息、运动方式表达以及虚拟位移主体的抽象度等。虚拟运动的实验研究则以美国学者马特洛克为代表，她所设计的反应时长、绘画、眼球运动等一系列心理学实验，逐步勾勒出了人类进行虚拟运动表达时的思维运动轨迹。

本书对于虚拟运动研究成果所进行的梳理，较为直观地反映了虚拟运动研究的现状，为后续相关研究提供了有益的参考。

8.1.1.3 集中考察了汉语中普遍存在的三类同空间位置表达相关的虚拟运动现象

本书依次对汉语中的延展类虚拟运动句、姿势类虚拟运动句及历时类虚拟运动句进行了考察。在对上述三类虚拟运动现象进行研究时，我们试图提出符合汉语实际的虚拟运动判定标准，并在此基础上对相应句式的句法框架进行较为细致的静态描写，此外还对相应虚拟运动句中虚拟运动的生成原因和机制进行了剖析。下面分别加以总结：

1）汉语延展类虚拟运动句的研究成果

汉语延展类虚拟运动句用于表征空间中某静止线性客体的现时构型特征，全句凸显虚拟运动的路径特征（在此，虚拟运动路径与该线性客体重合），并建构了持续的运动意象。通过研究我们发现，汉语延展类虚拟运动句主要涉及空间客体间覆盖、连接、穿插等位置关系的表达。在句法方面，该句式主要涉及普通动词谓语句（$NP_1 + VP + NP_2$）及介词短语补语句（$NP_1 + V + PP$）

两类句式。其中，充当延展类虚拟运动句中虚拟运动主体的 NP_1 应具有"−生命""−移动"的语义特征，且一般具有"＋狭长"的构型特征或占据较为广阔的地理空间。而充当延展类虚拟运动背衬的 NP_2 及介词宾语一般不表现为狭长的线性客体，且较之 NP_1 通常需要占据更为广阔的物理空间，具有"＋处所"性。同时，进入延展类虚拟运动句句法框架的 VP 还应具有"＋位移""＋方式""＋无界"的语义特征。

我们认为，在汉语延展类虚拟空间静止位置关系句的句法框架中，进入框架的 NP 和核心动词具有的语义特征相互冲突，因而人们在主观整合句子整体表达意象的同时，引发了虚拟运动的生成。同时，人类视线的真实运动经验向认知、语言层面上的投射表现为此类虚拟运动句中虚拟运动的深层生成机制。

2）汉语姿势类虚拟运动句的研究成果

汉语姿势类虚拟运动句将空间中静止客体之间的位置关系建构成了人类发出的各种静态姿势。通过观察例句，我们发现，汉语姿势类虚拟运动句中的 NP_1 和 NP_2 主要涉及倚靠、环绕、存在、相对等四类空间位置关系。同时，在句法结构方面，此类虚拟运动现象所涉及的句式较为多样。其中，进入句式的 NP 应具有"−生命""−移动"的语义特征；同时，句中的核心动词应具有"＋拟态""−位移"的语义特征以及"＋无界""＋强持续性"的时体特征。

在观察此类虚拟运动句句法框架的基础上，我们认为，姿势类虚拟运动句对于虚拟运动的生成能力是框架中各组成部分所具有的语义特征相互组合、相互作用的结果：进入姿势类虚拟运动句的 NP 同 VP 之间的语义特征存在着冲突，人们在对句中各组成要素语义特征进行整合的基础上，接受了由非生命客体发出的姿态类运动。而该句式生成虚拟运动的深层机制则在于，人类真实的运动经验向非生命客体之间静止位置关系的表达进行了投射。

3）汉语历时类虚拟运动句的研究成果

我们认为，汉语历时类虚拟运动句的功能在于描写空间中静止客体之间的整体位置关系，这一功能通过建构空间中某一静止客体的历时虚拟运动实现。根据句子所建构的虚拟运动类型的差异，我们将汉语历时类虚拟运动句进一步细分为历时位移虚拟运动句及历时隐现虚拟运动句两类。

其中，历时位移类虚拟运动句通过建构某一静止客体的历时位移运动，表现该客体同空间中其他静止客体之间的宏观位置关系。此类虚拟运动句涉及的句式较为多样，句中充当虚拟运动主体与虚拟运动客体的 NP 均应具有"－生命""－移动"的语义特征，且前者的移动性略高于后者；同时，受动词自身具有的时体特征或动词所附加的动态助词、结果补语、介宾补语等要素的制约，句中核心动词结构一般具有"＋位移""＋有界"的语义特征，在建构虚拟运动的同时，也可用于表征真实世界中的位移运动。

历时隐现虚拟运动句通过建构空间中某静止客体在某一处所生成的出现、消隐等存现类事件，对其空间位置关系进行说明。在句法方面，该类虚拟运动句主要涉及隐现句及动词补语句两类句式；充当虚拟运动主体的NP_1及充当空间参照背景的NP_2一般应具有"－生命""－移动"的语义特征，且NP_2多由方位名词或处所名词充当；进入历时隐现类虚拟运动句句法框架的 VP 应具有"＋隐现""－及物""＋有界"的语义特征；同时，此类虚拟运动句还可运用时间副词、频率副词等对历时虚拟隐现事件的时间性特征加以凸显。

我们认为，两类历时虚拟运动句中虚拟运动的生成均可视为进入框架的 VP、NP 所具有的语义特征相互作用、相互激活的结果。而虚拟运动的生成机制则在于真实运动经验向虚拟层面的投射。其中，位移类虚拟运动句的生成机制在于，位移动词与真实位置关系相互激活的认知经验在虚拟层面的投射；而隐现类虚拟运动的生成机制则在于，人类视线的真实移动经验在虚拟空间位置关系表达上的投射。

8.1.1.4 探讨了汉语虚拟空间静止位置关系句与事件句、存在句的关联

通过研究，本书发现了汉语虚拟空间静止位置关系句与事件句、存在句的一些重要关联。我们认为，在句法方面，汉语虚拟空间静止位置关系句同存在句有着相似的句法框架，但它借用的是相应事件句的动词核心。同时，在运动性表达方面，延展类虚拟运动句、姿势类虚拟运动句、历时类虚拟运动句同汉语存在句、事件句之间可以构成一个由弱到强的连续统。

8.1.2 本书的研究意义

我们认为，本书的研究意义可概括为以下几点：

第一，研究汉语中的虚拟运动现象，具有重要的类型学意义。

截至目前，国外学者已从理论探讨、跨语言对比、心理实验等角度对不同语言中存在的虚拟运动现象进行了考察。其中，以英语的相关研究成果最为丰富。泰尔米（2000）更是对英语中的虚拟运动现象进行了系统研究，揭示了英语的虚拟运动体系。而汉语的虚拟运动研究还相对薄弱，对于相关语

言现象的挖掘还很不充分，尚未出现关于汉语虚拟运动表达的系统研究。本书的研究成果可填补汉语虚拟现象研究领域的空白，具有一定的创新性。同时，由于汉语表现为汉藏语系、孤立语中使用范围最广的语言，探讨汉语虚拟运动表达的特性对人类虚拟运动表达的类型学研究具有重要意义。本书对于汉语虚拟运动现象的挖掘，对于汉语虚拟运动类别、句法框架、生成机制等的探讨为相关汉外对比研究奠定了基础。

第二，真实与虚拟是人类认知中最为基本的对立范畴，虚拟现象普遍存在于人类认知的各个层面。同样地，真实与虚拟的对立也存在于语言表达的各个层面，语言中存在完整的虚拟系统。目前国内的研究多集中在人类对真实静止以及真实运动所进行的客观表达上，对于汉语中存在的虚拟运动现象的系统研究尚未引起学界的足够关注。我们认为，本书的研究有助于对汉语中虚拟表达的地位和作用加以凸显。

第三，"静止"和"运动"是语言中一组对立的范畴，语言中真实静止、虚拟运动、虚拟静止和真实运动等四类不同的表达方式可形成一个由弱到强的连续统，所体现的运动性依次递增。我们认为，虚拟运动现象处于汉语运动性表达的连续统之中，对此进行研究对解释汉语运动性表达系统具有重要的价值。

第四，本书重点考察了三类同空间位置关系表达相关的虚拟运动现象，有助于对相关虚拟运动现象的基本类型、句法框架、认知机制等形成系统认识。通过本书的研究，我们发现，汉语延展、姿势、历时类虚拟运动句存在着一些共性。在句法层面上，三类虚拟运动句同存现句具有相似的句法框架，且句中核心动词均可用于构成真实的事件句；同时，在认知机制方面，三类句式中虚拟运动的生成均可视为进入框架的 VP、NP 所具有的语义特征相互作用、相互激活的结果。而虚拟运动的生成机制则在于真实运动经验向虚拟层面的投射。可以看到，三类句式在句法、认知机制方面的共性有效揭示了汉语虚拟运动现象的本质特征。

8.2 本书的不足及今后研究的方向

由于笔者学术水平及篇幅所限，本书仍存在一些不足之处，下面我们逐项归纳本项研究的缺憾，并对今后的研究加以展望。

1）汉语虚拟运动表达的宏观系统有待进一步揭示

虚拟范畴存在于语言表达的各个层面，汉语在表达空间、时间、心理、变化等多种概念范畴时均存在着大量虚拟运动现象。本书仅就同空间相关的虚拟运动现象进行了考察，未能对汉语虚拟运动现象的全貌加以勾勒，揭示汉语虚拟运动表达的宏观系统。同时，对于汉语空间位置关系虚拟运动的研究也仅局限于延展、姿势、历时三类虚拟运动现象，汉语中存在的源点类、相对类、方式类虚拟运动现象还有待进一步研究。这就使得本书在研究的整体性、系统性上存在一定欠缺。

在今后的研究中，我们将在本研究的基础上，继续挖掘汉语中同空间位置关系表达相关的其他虚拟运动现象，以完善汉语空间虚拟运动的表达体系。同时，也可进一步考察汉语时间、心理、变化等范畴中存在的虚拟运动现象，对汉语宏观的虚拟表达系统进行揭示。

2） 可引入汉外对比研究， 进一步挖掘汉语虚拟运动现象的特性

我们知道，虚拟运动现象在人类语言中具有相当的普遍性。通过阅读相关文献，我们发现，虚拟运动的类型学研究已经有了一些研究成果，前辈学者已经就日汉、英泰、英西、法语和塞尔维亚语中相关虚拟运动表达存在的异同进行了探讨，而本书仅就现代汉语中与空间表达相关的虚拟运动现象进行了考察。

我们认为，在后续研究中，可将相关研究放入人类语言的大背景下，从汉外对比的角度进行类型学研究，进而揭示汉语虚拟运动现象的规律和特征。这对于发现人类虚拟范畴的跨语言共性，揭示人类对于空间范畴、运动范畴的基本认知规律将会十分有益。

3） 可引入大型语料库， 对例句进行量化分析

由于本书收集的例句数目有限，在研究过程中，我们未能实现对于相关虚拟运动例句的量化分析，这也表现为本书的最大缺憾。后续，我们将在以下几方面对此加以修正。首先，我们将通过例句分类，对相关虚拟运动句的数量加以统计，进而发现汉语各类虚拟运动现象的分布规律。其次，具体到每一类虚拟运动句，我们将对句中核心动词的出现频率加以统计，以发现建构相关虚拟运动现象的典型动词。最后，我们还将集中搜集指定文本中表达空间静止位置关系的各类句式，并对各类句式的出现频率进行统计，以对虚拟运动句在空间方位各类表达方式中的分布形成更为全面、清晰的认识，从而概括出更为完整的汉语空间方位表达系统。

附录

虚拟运动常用动词表

1. 延展类虚拟运动句常用动词表

萦绕	这时，你可以看见香港岛和九龙半岛之间的维多利亚港，整条锦带似的萦绕过两岸的金里厦林。(《世界博览》)
环绕	加泰隆尼亚港环绕着海湾，舒适的海岸离沙滩不远处摆满了咖啡馆的小圆桌。碧蓝的天空悠远透亮，房屋的倒影重重叠叠，如画般美丽。(《世界博览》)
盘绕	长长的葛藤盘绕在树身上。(《现代汉语词典》第五版，2005)
伸	站在坡顶放眼望去，蓝色透明的天空中飘着朵朵白云，起伏的山脉蜿蜒伸向天边，山下的平原上铺着多彩的花毯，微风中带着湿润轻柔的花香。(《世界博览》)
延伸	在东面，富尔奈斯火山一直延伸到印度洋里，从山顶到山脚形成一个巨大的阶梯，熔岩流通常顺着阶梯流淌。(《世界博览》)
伸展	我们离开雅库茨克，重新回到严酷的荒野。雅库特大草原满是灰绿色的灌木和沙土沼泽，一望无际地向西伸展开去，气温已经降到冰点，我们只能拿出准备多时的红辣椒味伏特加酒，靠辣椒和酒精的双重热力暖暖身子。(《世界博览》)
延展	我越过孟利脑河向东看，雨林在面前延展开来，地势平缓，像一条弄皱了的被子覆盖在五公里外的一道山脉上。(《世界博览》)
扩展	狭窄的通道以外，又出现了一条溪流，洞穴也扩展成了一个大的洞厅。(《世界博览》)
蔓延	来到山顶，站在法沃拉的最高处回首向下望去，游人们会更加惊叹眼前景色的怪异：从脚下开始大片大片的贫民窟摩肩接踵拥挤着向山坡下蔓延，如同山上奔涌而下的浑浊的洪水，携带着一片破败、混乱和不羁。(《世界博览》)
漫延	沙漠一直漫延到遥远的天边。(《现代汉语词典》第五版，2005)
延续	方圆十几英里，凡是没有树林的公路两旁，到处可见德克里树立的木质鸟巢，甚至延续到私人的牧场和池塘旁边。(《世界博览》)
绵延	展区位于悉尼海滩，绵延两公里，数百件优美、怪异、滑稽的作品令观者目不暇接，惊喜不断。(《世界博览》)
连绵	房屋样式各异，有典型的竹墙茅草顶的非洲茅庵，也有更现代一些的铁棱板搭起的"民工棚"。有时连绵一片，有时一家一户突兀于水面，虽说是与世无争的桃花源，却也反映出贫富差距无处不在。(《世界博览》)
舒展	形态妖娆的椰子树舒展开它的腰身向大海拥去。(《世界博览》)

续表

展开	列车在厄勒海峡边飞驰，左侧是大片大片的麦田和墨绿浓郁的橡树林，右侧的地势缓缓向下向海边展开，铺满茵茵绿草和零散的树林。透过树林的间隙可以见到海岸边一座座小别墅和停泊在岸边的私人游艇。(《世界博览》)
铺	大地在这里平展展地铺开，缓缓地起伏，大部分地区的海拔高度都接近海平面。(《世界博览》)
穿	途径萨郎山口时已是黑夜，公路从这里穿山而过，目测约有四五公里的长度。(《世界博览》)
横穿	一条窄窄的步行街横穿小城，沿街布满了礼品店、泳装店和玩具店。(《世界博览》)
贯穿	凡尼斯大道贯穿全市南北中轴线，正好是一条"天然"的隔离带。(《世界博览》)
横贯	一座被完好保存至今的罗马高架渠横贯辽阔的山谷。(《世界博览》)
纵贯	挪威还多山，蜿蜒崎岖的山地覆盖了国土的大部，斯堪的纳维亚山脉如同坚实的脊背纵贯全境。(《世界博览》)
贯通	挪威人硬是在起伏不平的山峦、冰川间修筑起一座座桥梁，打通一条条隧道，让道路贯通全境。(《世界博览》)
横亘	横亘的喜马拉雅山是世界的屋脊，更是这个袖珍国度的脊梁。(《世界博览》)
横跨	目前，戴比尔斯集团协助南非政府在林波波省设立了面积6.3万公顷的威尼提亚自然保护区，并计划于2040年完成一个横跨博茨瓦纳和津巴布韦、规模达到19万公顷的自然保护区。(《世界博览》)
跨越	"哈瓦苏帕"在当地语言中是"蔚蓝水边的居民"的意思，他们生活在大峡谷底的哈瓦苏溪谷中，一条古老的小路向下延伸，跨越了四种不同的地质层，红色的沙土墙后柳暗花明，渐显宽阔，古老的苏帕村是美国西部最具田园诗意的天然绿洲。(《世界博览》)
越过	蜿蜒曲折的消防水管从莱斯利号上接出来，越过电话大楼、百老汇和新蒙哥马利（现哥伦布大道），最后到达杰克逊地区，水管经过了11个城市街区。(《世界博览》)
分跨	整个神农索堡实际上就是一座桥，它的左右两翼分跨卢瓦尔河支流察尔河两岸，被誉为"停泊在察尔河上的船"。(《世界博览》)
刺	这座1976—1987年间兴建的清真寺有着华丽的大理石外墙，大殿呈金字塔形，高40余米，每个斜面上拱起一个立方锥体，大殿外四角各有一根高达80米的宣礼塔，直刺云端。(《世界博览》)
连	这里绿树连片成荫，空气中弥漫着草叶的清香。(《世界博览》)
连接	多瑙河是隔绝两座城市的唯一地理因素，但戏剧性的是，也正是它，将这两座城市紧密连接在一起。(《世界博览》)

续表

蜿蜒	黑色的塑料水管蜿蜒在每一条街道上。(《世界博览》)
通	梦中我在格陵兰岛东北部旅行,头顶的天空湛蓝,阳光刺眼,同时柔软的雪花纷纷飘落,晶莹剔透,白璧无瑕,飘舞的雪花世界无边无际,我看到一条雪橇的痕迹通向北极。(《世界博览》)
上	公路盘山而上。(《现代汉语词典》第五版,2005)
下	这一范围大概从中国的新疆北部阿尔泰山区一直南下延伸到印度洋边的斯里兰卡。(《世界博览》)
插	Mon岛不大,在它的东部朝向波罗的海的海岸上,一座连绵六七公里的白色岸崖笔直地插入海中,128米高的白得耀眼的悬崖排列在海岸线上,从海上望去如同连绵不断的白色大理石碑从碧绿的海水中陡然升起。(《世界博览》)
划	他好像刚从京剧团的化妆室里溜出来,两条长长的黑色眉毛斜斜地划过涂得过白的额头。(《世界博览》)
推进	与此同时,佛罗里达西南部也正向东推进,将其触角伸向大沼泽地。(《世界博览》)
盘旋	年代悠久的古城堞比高大的长青乔木,精致婉约的小镇是茂密蓬松的灌木,而掩映于滨海、山谷地带的小村庄则是那翠绿的爬藤,在林间穿针引线,盘旋往复。(《世界博览》)
劈	在欧洲任何一个城市里,河流都不会像布达佩斯城里的多瑙河那样,如此壮丽地劈开整个城市。(《世界博览》)

2. 姿势类虚拟运动句常用动词表

1)NP₁同NP₂呈倚靠关系

靠	Adrere Amellal旅馆背靠石灰岩山丘,与山岩浑然一体。(《世界博览》)
倚	另一方面,由于它面朝湖水,背倚陆地,地势易守难攻,从而在战术上占有巨大优势。(《世界博览》)
依	热那亚市依山傍海,山势陡峭,削一片山,得几分平地,城堡、教堂、住宅楼依山而建,在山下、山腰、山头、山崖,灯光装扮着建筑,倒映在海中,如水晶宫殿。高速公路从隧洞出来,高架桥穿过市区,桥桥洞洞连接成长长的空中走廊。(《世界博览》)
傍	依山傍水,风景如画的外严村就是荣宰哥哥经常会选择的度假休闲地,来对了时间的我第二天就被他拉去参加了这里的"稻草文化节"。(《世界博览》)
依傍	整个卡罗维发力依傍爱情山而建,清澈见底的泰普拉河穿城而过。(《世界博览》)
支撑	嵌着树皮的外墙经受了一个世纪的风霜雨雪,厚重的大门上镶着铁钉,客厅天花板由13根完美的云杉原木柱支撑着。(《世界博览》)

挨	在保加利亚普利莱普的一条大街上，他看到，火枪店紧挨着棺材铺，掌柜的就是亲哥俩。（《世界博览》）
贴	海边公路两旁都是高大的椰树和棕榈树，有时成林，有时又是孤独的几棵，偶尔蒿草茂盛之处，随着大西洋海风的吹拂，圆锥顶子的非洲茅庵就在其中若隐若现，紧贴着公路两边，常有三五成群的妇女和儿童头顶着柴火或木薯排队行进，清瘦的身形从车窗旁一闪而过。（《世界博览》）

2）NP$_1$同NP$_2$呈环绕关系

围	风景最秀丽、价格最昂贵的地块都在那里，居民和宾馆将维苏威火山团团围住。（《世界博览》）
围绕	在寒意料峭的清晨眺望高喷泉凹地，150多眼间歇泉围绕在火洞湖周围260公顷的土地上。（《世界博览》）
盘绕	巨人柱仙人掌的主干周围盘绕着像手臂一样的支干，形态好似多"臂"的枝形烛台，年龄至少在65—70岁之间。（《世界博览》）
环绕	加泰隆尼亚港环绕着海湾，舒适的海岸离沙滩不远处摆满了咖啡馆的小圆桌。碧蓝的天空悠远透亮，房屋的倒影重重叠叠，如画般美丽。（《世界博览》）
包围	外严村在牙山附近，村庄本身还被雪花山和光德山包围着，因而这里能吃到丰富而新鲜的山菜，南瓜年糕和松仁果冻都是平时在城里难得吃到的食品。（《世界博览》）
抱	2003年的会场更是选到了法国的一个温泉镇，四周湖山紧抱。（《世界博览》）
环	庄户村四面环山，东临慕田峪长城，是一个只有114人的小村庄。（《世界博览》）
环抱	Zarak的家乡是一个只有58户人家的小山村，仿佛被雪山环抱着。（《世界博览》）
拥	然而，德意志的人文景观更多地掩身于南部的那些小城镇之中，例如菲森坐拥童话城堡新天鹅宫，罗滕堡身绕保存完好的中世纪城垣，而依山傍水的海德堡则是其中最夺目的一个。（《世界博览》）
簇拥	山脚蜿蜒流淌的河水因融自冰川而又富含石灰质，呈现出奇特的灰蓝色，将河岸经年累月冲刷出一道道斧劈刀削般的峭壁，峭壁之上是绿树红花簇拥着的宁静小镇，石砌的质朴民房星罗棋布般散落在青山翠谷之中，沿喀什昆仑公路一直北上到离中国边境近30公里左右处，半山会出现一座背衬雪峰庄严肃穆的古堡，这座始建于13世纪名叫巴尔提特古堡俯瞰的河谷便是我们此行的终点——罕萨。（《世界博览》）

3）NP$_1$同NP$_2$呈存现关系

藏	这种来自地球肺腑的火山熔岩，如今早已凝固，只把财富深藏怀中。（《世界博览》）
躲	落日在雪山的方向恍恍惚惚，神山卡瓦格博依然躲在云里。（《世界博览》）

续表

掩藏	上山的小路掩藏在密密的丛林中，因为是唯一的往山上走的路，所以并不害怕迷路。（《世界博览》）
立	从零点前的第八大道一直向北走到尽头，当街而立的便是久负盛名的现代化清真寺——费萨尔。（《世界博览》）
屹立	杜巴广场西侧第一座寺庙叫作克里希纳庙，是一座八角形的三层塔，风格柔和细腻，被誉为"尼泊尔建筑艺术的奇迹"，正好屹立于路口转角处，这里时常坐着等待工作的尼泊尔男人。（《世界博览》）
耸立	路边耸立着几座用意大利大理石装饰、由法国和土耳其公司修建的超现代化高层建筑。（《世界博览》）
挺立	最为有名的当属亲子之木，三棵柏树紧紧挨近仁立在山丘上，在冬天的风雪及夏天暴雨中全然毫不畏惧，毅然挺立于山丘上。（《世界博览》）
仁立	起飞后仅几分钟就穿越国境了，终年冰雪覆盖的喀什昆仑山和喜马拉雅山在遥远的下方温和仁立，显得十分恭良谦卑，我心里涌起万般感慨。（《世界博览》）
矗立	曼德勒山是这座城市的心脏，在山顶及山脚下矗立着许许多多的宝塔、寺庙和佛殿。（《世界博览》）
站	想想做一棵拼布之路上的树是多么好，一直站在那，就算枯朽也不会离开身边熟悉的一切美景。（《世界博览》）
站立	有的窗户没有了玻璃，看上去像轰炸过后，只有外墙还苟延残喘地站立着。（《世界博览》）
躺	确切地说，勒格罗-迪鲁瓦是个舒适地躺在地中海臂弯中的小城，处处散发着南西班牙的热带气息。（《世界博览》）
躺卧	在塔状的中门顶部，土库曼斯坦终身总统的镀金雕像巍然耸立。首都阿什哈巴德躺卧在它的脚下，等待着它向自己宣告新一天的开始。（《世界博览》）
坐落	此处靠近奥地利，是德语区，全镇坐落在一条狭长的山谷里，海拔在1 500米以上，是阿尔卑斯山系中最高的小镇。（《世界博览》）
挡	结果，在我到达巴西的当天，才发现了"滨湖别墅"的真实面目：真的是"临湖"，不过步行需要十分钟，而且被前面的楼房挡住，看不见一滴湖水。（《世界博览》）
阻挡	骑在驼背上的波拿巴将军毫不掩饰自己的气恼：到巴勒斯坦来的目的是征服圣地耶路撒冷，可是前面一个小小的要塞，竟把他和麾下的1.3万名法国远征军阻挡了两个月之久。（《世界博览》）
横跨	查尔斯四世在这里建立了中欧第一所大学，还用一座以他的名字命名的更为坚固的大桥取代了原来的朱迪思桥，这座桥直到今天仍横跨河上。（《世界博览》）
横踞	往东看，河流上游，青山掩映之中的新堡修道院隐约可见。往西，两岸青山渐退，内卡河流入平坦的莱茵河腹地。而回过头来，赫然发现老城之上，一座巨大的砖红色古堡横踞山腰。（《世界博览》）

续表

雄踞	这类城堡往往建在与邻国接壤的地方、海岸线上、主干道路两旁和有重要战略意义的城镇乡村中，它们毫无例外地雄踞在当地的地理制高点处，易守难攻。（《世界博览》）
盘踞	利兹原为艾尔河北岸的盎格鲁-撒克逊人城镇，后来发展成为地方集市贸易中心，盘踞在古老的约克镇和著名工业城市曼彻斯特市之间，利兹迅速成长为英国北部的工业、金融、贸易和文化中心。（《世界博览》）
拱	古希腊人在碧海蓝天和火山环拱的舞台上演出人间的悲喜剧，男女主人公的命运便不再是封闭和孤立的了。（《世界博览》）
衔	此时正当落日衔山，天上云影红红紫紫如焚如烧。（北京大学 CCL 语料库）
跨	中世纪以来，古桥跨河连接着莫斯塔尔的东部和西部，东部是波斯尼亚伊斯兰教徒的根据地，西部则是克罗地亚的基督徒聚居地。（《世界博览》）
扼守	而莱茵河上的古滕费斯与普法尔茨两座城堡，一座耸立于岸边的峭壁上，一座占据着江中的小岛，相向扼守着黄金水道。（《世界博览》）
俯瞰	大金塔是一座神奇的小城，从丁固达拉山岗上俯瞰着仰光。（《世界博览》）
俯视	这仅仅是我们九天旅程中的第二天，我们刚刚从夸陶克离开，一座建在山坡上的小镇，那里的房屋有着彩虹般绚丽的色彩，俯视着默奇森海峡。（《世界博览》）

4）NP₁同 NP₂呈相对关系

临	伊斯兰堡位于巴基斯坦东北部海拔 600 米的波特瓦尔高原上，背依高耸的马尔加拉山，东临清澈的拉瓦尔湖，南面是一片山丘，四季青葱，景色宜人。（《世界博览》）
望	科西嘉，地中海第四大岛，位于法国大陆东南 160 公里，南隔宽不到 16 公里的博尼法乔海峡与意大利撒丁岛相望。（《世界博览》）
朝	另一方面，由于它面朝湖水，背倚陆地，地势易守难攻，从而在战术上占有巨大优势。（《世界博览》）
朝向	在希腊语中，"西西里"被称为 Trinacria，意为"三颗头"，暗示它三角形的长相。若是稍加留意，你会发现它的三只角分别朝向亚、非、欧三大洲。只是离意大利半岛太近的缘故，它才忍不住卖乖，身姿微微偏转了些。（《世界博览》）
面对	如同她美丽的女性化名字，皮亚娜是一座美丽、静谧的小山庄，她坐落在海拔 438 米的山坡上，俯瞰着波尔多海湾，面对着斯坎多拉半岛。距离南部的科西嘉首府阿亚克肖 78 公里，往北 84 公里就是科西嘉岛上另一个美丽的小镇卡尔韦。（《世界博览》）
眺	若从风水的角度来说，台北故宫所处位置极佳：背靠青山，远眺溪水。之所以背靠青山，主要原因自然不是风水，而是为了"藏宝"。（《世界博览》）
迫	站离五米处观察，发现此画确实气势恢宏。迎面而来的耸立主峰几乎占去画面 3/5，紧紧迫在眼前，造成一种"震人心弦、夺人魂魄"的心理效应。（《世界博览》）
遮	艾大夫住在 1-8 区一座红白相间的二层小楼里，门前茂盛的灌木几乎遮去了一半大门。（《世界博览》）

3. 历时类虚拟运动句常用动词表

1）历时延展类虚拟运动句

劈开	在欧洲任何一个城市里，河流都不会像布达佩斯城里的多瑙河那样，如此壮丽地<u>劈开</u>整个城市。（《世界博览》）
点缀	远处，高大的猴面包树稀疏地<u>点缀</u>在灌木丛中；眼前，青灰色的矿山尘埃扬起落下，粘在衣服上，带着一股卓尔不群的神秘气息。（《世界博览》）
覆盖	白崖的顶部<u>覆盖</u>着茂密的森林，浓密的绿色更衬托出白崖的炫目耀眼，与蓝天碧水形成强烈的光与色的对比，成为令人叹为观止的大自然奇观。（《世界博览》）
分	一个十公里长的海湾把城市一<u>分</u>为二：巴尔-迪拜区和德依拉区。（《世界博览》）
挤	阿尔卑斯山脉与亚平宁山脉挤挤挨挨，互不相让，<u>直挤</u>进热那亚湾，重重陡峭山岭紧挨海边。（《世界博览》）
散落	官地村地处山坳之中，自明代永乐年间建村至今已有 600 余年历史，长城像飘带一样<u>散落</u>在两侧山顶，因明代长城守军曾在此开荒种田实行军屯，故称"官地"。（《世界博览》）
簇拥	这么集中的区域内，<u>簇拥</u>了如此多样的电影场馆，再加上周边其他配套的商场、饭店、游乐场、博物馆，还有名气丝毫不亚于电影节的柏林爱乐音乐厅等，使波茨坦广场成为为世界各地观众提供以柏林国际电影节为核心的文化盛宴的"宴会厅"。（《世界博览》）
聚集	莱茵河畔港口及周边为繁忙的工业区，但其北部<u>聚集</u>了欧洲许多重要的组织，使它看起来更像是欧洲的首府，而不只是斯特拉斯堡的古老首府。（《世界博览》）
扩展	狭窄的通道以外，又出现了一条溪流，洞穴也<u>扩展</u>成了一个大的洞厅。（《世界博览》）
插入	悬崖两侧绵延几公里都是峻峭的山岩，根本找不到下山的路，悬崖向外突出的一块却正好<u>插入</u>一道同样险峻的石阶，我们沿着悬崖边侧身而行，脚下是空荡荡的深渊，提醒我们如果一失足会是什么后果。（《世界博览》）
收缩	采矿区从火山口开始，呈漏斗状向地下延伸，在地平线以下 180 米处，<u>收缩</u>成直径 900 米的坑底。（《世界博览》）
垒、按、塞、嵌	只见参差百座楼宇，相映成趣，争奇斗异，似乎冥冥之中一只巨手信手拈来随心堆砌，将 700 米长的大街<u>垒</u>成一条建筑博览景廊。新文艺复兴风格的国立博物馆，巍峨庄严，被<u>按</u>在街首；50 年代建成的苏式建筑 Jalta 宾馆，方正刻板，<u>塞</u>在 45 号；新艺术运动流派的 Ambassador 宾馆<u>嵌</u>在街尾的 5 号，对面 4 号和 6 号是两栋相连的功能主义现代建筑，简洁实用；街中的 25 号 Evropa 宾馆也是风靡一时的新艺术运动杰作。（《世界博览》）
围	风景最秀丽、价格最昂贵的地块都在那里，居民区和宾馆将维苏威火山团团<u>围</u>住。（《世界博览》）
框	这绿、黄、粉红，被<u>框</u>在开放着浅紫色野花的不规则的田埂中，如色彩斑斓的抽象画，令人赏心悦目。（《世界博览》）

2）历时隐现类虚拟运动句

来到	雄伟密集的针叶林带渐渐变得稀疏矮小，荒芜的冻土地带来到眼前。（《世界博览》）
出现	三周过去，行程已有 1 100 公里，温度一直在降低，我们终于到达纽亚，沙滩上出现一个整齐的村庄。（《世界博览》）
现出	黎明到来了，清晨的雾霭中渐渐现出斯特龙博利火山的庞大山形。（《世界博览》）
显现	从 1 600 米的高空俯瞰，一弯微笑般的白色涟漪呈现在南太平洋平静的面容上。随着飞机缓慢下降，这缕白色便融入一排排浪花之中。直到降落的最后一刻，狭小的陆地才从海面显现出来。（《世界博览》）
闪现	夏季的小城，放眼望去，五颜六色的房屋、窗前绚丽的花朵、雪白整齐的廊柱，间或闪现出教堂的浅绿色或金色屋顶。（《世界博览》）
展现	山腹河怀之间，一座座小镇如电影镜头依次展现：教堂塔顶高耸，农舍偶起炊烟，公路轿车疾驰，河上轻舟往返。（《世界博览》）
呈现	从 1 600 米的高空俯瞰，一弯微笑般的白色涟漪呈现在南太平洋平静的面容上。随着飞机缓慢下降，这缕白色便融入一排排浪花之中。直到降落的最后一刻，狭小的陆地才从海面显现出来。（《世界博览》）
展开	列车在厄勒海峡边飞驰，左侧是大片大片的麦田和墨绿浓郁的橡树林，右侧的地势缓缓向下向海边展开，铺满茵茵绿草和零散的树林。透过树林的间隙可以见到海岸边一座座小别墅和停泊在岸边的私人游艇。（《世界博览》）
冒出	船行约半小时之后，眼前冒出一片片五颜六色的房屋，远看如海市蜃楼一般，导游说这便是著名的水上村庄。（《世界博览》）
闪	山后闪出一条小路来。（《现代汉语词典》）
闪过	这里也是德国著名的"葡萄园之路"的所在地，眼前不时闪过平整的坡地，一行行小木桩呈格状分布，如围棋盘一般。（北京大学 CCL 语料库）
跃入	那里可以有岸线弯曲不平的池沼、羊群悠闲放牧的草地，只有偶尔跃入眼帘的亭台楼阁才让人想到，这不是林子，而是花园。（《世界博览》）
扑	清晨的第一抹阳光，将皮亚娜全身罩上一层神奇的粉红色，这是科西嘉岛最迷人的时刻。空气中弥漫着桉树叶的清香，云雾慢慢地飘散开来……推开窗户，那层叠的山峦和碧蓝的大海就随着海风迎面扑进眼帘，由不得迟疑，我背上相机，顾不得吃早餐，就踏上了寻访狭海湾的道路。（《世界博览》）
升起	Mon 岛不大，在它的东部朝向波罗的海的海岸上，一座连绵六七公里的白色岸崖笔直地插入海中，128 米高的白得耀眼的悬崖排列在海岸线上，从海上望去如同连绵不断的白色大理石碑从碧绿的海水中陡然升起。白崖的顶部覆盖着茂密的森林。浓密的绿色更衬托出白崖的炫目耀眼，与蓝天碧水形成强烈的光与色的对比，成为令人叹为观止的大自然奇观。（《世界博览》）

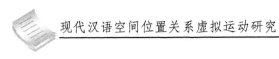

续表

突兀	这里的河岸到处都是这样的生机勃勃，河湾一个接着一个，岸边的丛林中不时会横亘突兀出古堡和断墙来。（《世界博览》）
退	往西，两岸青山渐退，内卡河流入平坦的莱茵河腹地。而回过头来，赫然发现老城之上，一座巨大的砖红色古堡横踞山腰。（《世界博览》）
消失	只是隐约可见山下有条灰色的带子弯弯曲曲向北延伸，消失在古德伯伦斯达兰大峡谷之中，那就是欧洲 6 号公路。（北京大学 CCL 语料库）
融入	从 1 600 米的高空俯瞰，一弯微笑般的白色涟漪呈现在南太平洋平静的面容上。随着飞机缓慢下降，这缕白色便融入一排排浪花之中。直到降落的最后一刻，狭小的陆地才从海面显现出来。（《世界博览》）
淹没	坐在专门为观光者准备的马车上向半岛的深处走去，你会发现周围的稻田越来越多，而寺院就淹没在这无边的稻田中。（《世界博览》）
掠去	我沿着陡峭的斜坡走进坟墓的地下建筑。在黑暗中，依旧感觉到头上的拱顶向后掠去。（《世界博览》）
掠过	舷窗外暮色四合，月光下，山峦黑黝黝的剪影不时从眼前掠过。（《世界博览》）
滑过	我脚踩双轮，悠闲地穿梭在田野小径上，享受微风轻吹发际的滋味，让一切景物缓缓地或者飞速地从眼旁滑过。（《世界博览》）
擦肩而过	攀游在这座工作室令人心旷神怡，因为一架配有座椅的玻璃电车会沿着斜的轨道，从山脚缓缓向上滑行，而修建整齐的草坪、橄榄树、柏树、一丛青竹、日本艺术家的雕塑，以及一座 13 米高的木雕，不时地与游人擦肩而过。（《世界博览》）
若隐若现	海边公路两旁都是高大的椰树和棕榈树，有时成林，有时又是孤独的几棵，偶尔蒿草茂盛之处，随着大西洋海风的吹拂，圆锥顶子的非洲茅庵就在其中若隐若现，紧贴着公路两边，常有三五成群的妇女和儿童头顶着柴火或木薯排队行进，清瘦的身形从车窗旁一闪而过。（《世界博览》）
时隐时现	还可以让你如登高山绝顶，俯览茫茫云海中时隐时现的山峰。（《世界博览》）

参考文献

［1］蔡珍珍．基于语料库的英汉虚拟运动表达的对比研究［D］．武汉：华中师范大学，2015．

［2］陈忠．认知语言学研究［M］．济南：山东教育出版社，2006．

［3］储泽祥．汉语存在句的历时性考察［J］．古汉语研究，1997（4）．

［4］储泽祥．动词的空间适应性情况考察［J］．中国语文，1998（4）．

［5］崔希亮．空间方位关系及其泛化形式的认知解释［M］//语法研究和探索：十．北京：商务印书馆，2000．

［6］崔希亮．空间方位场景与论元的凸显［J］．世界汉语教学，2001（4）．

［7］崔希亮．语言理解与认知［M］．北京：北京语言文化大学出版社，2001．

［8］崔希亮．空间关系的类型学研究［J］．汉语学习，2002（2）．

［9］崔希亮．汉语介词与位移事件［D］．北京：北京大学，2004．

［10］范方莲．存在句［J］．中国语文，1963（5）．

［11］方经民．论汉语空间方位参照认知过程中的基本策略［J］．中国语文，1999（1）．

［12］方经民．汉语空间方位参照的认知结构［J］．世界汉语教学，1999（4）．

［13］方经民．汉语空间参照和视点［C］//汉语现状与历史的研究：首届汉语言学国际研讨会文集．北京：中国社会科学出版社，1999．

［14］方经民．论汉语空间方位参照认知过程中的语义理解［C］//面向新世纪挑战的现代汉语语法研究：98 现代汉语语法学国际学术会议论文集．济南：山东教育出版社，2000．

［15］方经民．汉语空间参照系统中的方位参照［M］//面向 21 世纪语言问题再认识——庆祝张斌先生从教五十周年暨八十华诞．上海：上海教育出版社，2001．

［16］方经民．论汉语空间区域范畴的性质和类型［J］．世界汉语教学，2002（3）．

［17］奉兰．英汉虚拟运动分类对比研究［D］．长沙：湖南大学，2015．

［18］葛本仪．现代汉语词汇［M］．修订本．济南：山东人民出版社，2001．

［19］谷衍奎．汉字源流字典［M］．北京：华夏出版社，2003．

［20］郭锐．现代汉语词类研究［M］．北京：商务印书馆，2002．

［21］韩玮．虚拟运动的概念整合理论解读［D］．济南：山东大学，2009．

［22］胡文泽．汉语存现句及其相关并列紧缩结构的认知功能语法分析［J］．语言教学与研究，2004（4）．

［23］黄华新，韩玮．现代汉语主观位移句的认知理据探析［J］．浙江大学学报：人文社会科学版，2012（4）．

［24］黄南松．论存在句［J］．汉语学习，1996（4）．

［25］霍恩比．牛津高阶英汉汉英词典［M］．4 版．北京：商务印书馆，1998．

［26］蓝纯．从认知角度看汉语的空间隐喻［J］．外语教学与研究，1999（4）．

［27］李玲．从认知角度看英语的空间隐喻［J］．山东商业职业技术学院学报，2006，6（1）．

［28］李秋杨．"以动写静"：虚拟位移事件的主观性体验［J］．江苏外语教学研究，2012（1）．

［29］李秋杨，陈晨．虚拟位移表达的空间和视觉体验阐释［J］．当代修辞学，2012（2）．

［30］李秋杨．延伸型虚拟位移表达的类型学研究［J］．现代外语：双月刊，2014（6）．

［31］李易．基于语料的同延路径与放射路径的中英对比研究［D］．长沙：湖南大学，2014．

［32］铃木裕文．主观位移表达的日汉对比研究［J］．现代外语，2005（1）．

［33］刘宁生．汉语怎样表达物体的空间关系［J］．中国语文，1994

（3）.

[34] 刘璇．英汉虚拟运动的认知分析 [D]．南京：南京大学，2012.

[35] 刘月华，潘文娱，赵淑华．实用现代汉语语法 [M]．北京：商务印书馆，2003.

[36] 马庆株．汉语动词和动词性结构 [M]．北京：北京大学出版社，2005.

[37] 聂文龙．存在和存在句的分类 [J]．中国语文，1989（2）.

[38] 潘文．现代汉语存在句研究 [D]．上海：复旦大学，2003.

[39] 齐沪扬．现代汉语空间问题研究 [M]．上海：学林出版社，1998.

[40] 沈家煊．语言的"主观性"和"主观化" [J]．外语教学与研究，2001（4）.

[41] 束定芳．隐喻学研究 [M]．上海：上海外语教育出版社，2000.

[42] 汪少华．合成空间理论对隐喻的阐释力 [J]．外国语，2001（3）.

[43] 王彩丽．通过名词性人体隐喻透析人的认知过程 [J]．山东外语教学，2002（4）.

[44] 王红孝．空间映射论与概念整合的认知过程 [J]．外语学刊，2004（6）.

[45] 吴为章．近十年现代汉语动词研究特点概述 [J]．汉语学习，1994（2）.

[46] 吴云．认知框架下的空间隐喻研究 [J]．修辞学习，2003（4）.

[47] 姚京晶．汉语对空间静止位置关系的两类虚拟运动 [M] // 汉语语法的认知与功能探索．北京：世界图书出版公司，2007.

[48] 姚京晶．论汉语的两类虚拟运动现象 [D]．北京：北京语言大学，2007.

[49] 张学成．存在句 [J]．语言学年刊，1982.

[50] 张旺熹．汉语特殊句法的语义研究 [M]．北京：北京语言文化大学出版社，1999.

[51] 张旺熹．汉语句法的认知结构研究 [M]．北京：北京大学出版社，2006.

[52] 郑国锋，陈璐，陈妍，等．汉语发射路径现象探析 [J]．华东理工大学学报：社会科学版，2017（3）.

［53］中国社会科学院语言研究所词典编辑室．现代汉语词典［M］．5版．北京：商务印书馆，2005.

［54］朱德熙．语法讲义［M］．北京：商务印书馆，2005.

［55］COOPER R M. The control of eye fixation by the meaning of spoken language：a new methodology for the real – time investigation of speech perception，memory，and language processing［J］. Cognitive Psychology，1974，6（1）：84 – 107.

［56］GLENBERG A M，MEYER M，LINDEM K. Mental models contribute to foregrounding during text comprehension［J］. Journal of Memory & Language，1987（26）：69 – 83.

［57］GLENBERG A M，LANGSTON W E. Comprehension of illustrated text：pictures help to build mental models［J］. Journal of Experimental Psychology：Learning，Memory，and Cognition，1992（31）：129 – 151.

［58］GLENBERG A M，KRULEY P. Pictures and anaphora：evidence for independent processes［J］. Memory and cognition，1992，20（5）：461 – 71.

［59］GLENBERG A M. What memory is for［J］. Behavorial and Brain Sciences，1997（20）：1 – 55.

［60］GLENBERG A M，ROBERTSON D A. Indexical understanding of instructions［J］. Discourse Processes，1999（28）：1 – 26.

［61］GLENBERG A M，ROBERTSON D A. Symbol grounding and meaning：a comparison of high – dimensional and embodied theories of meaning［J］. Journal of Memory and Language，2000（43）：379 – 401.

［62］GLENBERG A L，KASCHAK M P. Grounding language in action［J］. Psychological Science，2002（9）：558 – 565.

［63］HENDERSON J M，FERREIRA F. The integration of language，vision，and action：eye movements and the visual world［M］. New York：Psychology Press，2004.

［64］JACKENDOFF R. Foundations of language［M］. New York：Oxford University Press，2002.

［65］KIYOKO TAKAHASHI. Construal of fictive motion categories：a contrastive study between English and Thai. Journal of Hokkaido Linguistics，4

［66］ KOSSLYN S M, BALL T M, REISER B J. Visual images preserve metric spatial information: evidence from studies of image scanning ［J］. Journal of Experimental Psychology: Human Perception and Performance, 1978 (4): 47 – 60.

［67］ LANGACKER R W. Abstract motion ［J］. Proceedings of the Twelfth Annual Meeting of the Berkeley Linguistics Society, 1986: 455 – 471.

［68］ LANGACKER R W. Foundations of cognitive grammar, Vol. 1: Theoretical prerequistites ［M］. Stanford, CA: Stanford University Press, 1987.

［69］ LAKOFF G. Women, fire, and dangerous things: what categories reveal about the mind ［M］. Chicago, IL: University of Chicago Press, 1987.

［70］ LAKOFF G, JOHNSON M. Philosophy in the flesh: the embodied mind and its challenge to Western thought ［M］. New York: Basic Books, 1999.

［71］ LANGACKER R W. Virtual reality ［J］. Studies in the Linguistic Sciences, 2000 (29): 77 – 103.

［72］ LANGACKER R W. Ten Lectures on Cognitive Grammar ［M］. Beijing: Foreign Language Teaching and Research Press, 2007.

［73］ MATLOCK T. Fictive motion as cognitive simulation ［J］. Memory & Cognition, 2004 (32): 1389 – 1400.

［74］ MATLOCK T, RAMSCAR M, BORODITSKY L. On the experiential link between spatial and temporal language ［J］. Cognitive Science, 2005, 29 (4): 655 – 664.

［75］ MATSUMOTO YO. How abstract is subjective motion? a comparison of access path expressions and coverage path expressions ［M］. Stanford: CSLI publications, 1996: 359 – 373.

［76］ MATSUMOTO YO. Subjective motion and English and Japanese verbs ［J］. Cognitive Linguistics, 1996 (7): 183 – 226.

［77］ RICHARDSON. The integration of figurative language and static depictions ［J］. Cognition, 2005 (102): 129 – 138.

［78］ ROJO A, J VALENZUELA. Fictive Motion in English and Spanish ［J］. International Journal of English Studies (IJES), 2004, 3 (2).

［79］ SLOBIN DAN I. Two ways to travel: verbs of motion in English and

Spanish [M] // M SHIBATANI, S A THOMPSON. Essays in semantics. Oxford: Oxford University Press, 1996.

[80] TALMY L. Semantics and syntax of motion [M] //J P Kimball (Ed.), Syntax and Semantics. New York, NY: Academic Press, 1975 (4) 181 –238.

[81] TALMY L. How language structures space [M] //H Pick, L P Acredolo. Spatial orientation: theory, research, and application [M]. New York: Plenum Press, 1983.

[82] TALMY L. Fictive motion in language and "ception" [M] //P Bloom, M A Peterson, L Nadel, et al. Language and space [M]. Cambridge, MA: MIT Press, 1996.

[83] TALMY L. Toward a Cognitive Semantics, Volume I: Conceptual Structuring Systems [M]. Cambridge: MIT Press, 2000.

[84] STOSIC D, L SARDA. The many ways to be located: the expression of fictive motion in French and Serbian [J]. space and time in language and literature, 2005 (4).

[85] TRUESWELL J C, TANENHAUS M K. Approaches to studying world – situated language use: Bridging the language – as – product and language – as – action traditions [M]. Cambridge: MIT Press, 2005.

[86] TVERSKY BARBARA. Spatial schemas in depictions [M] // M Gattis. Spatial schemas and abstract thought. Cambridge, MA: MIT Press, 2001: 79 –112.

[87] TVERSKY BARBARA. What does drawing reveal about thinking? [M] //JOHN S GERO, BARBARA TVERSKY. Visual and spatial reasoning in design. Sydney, Australia: Key Centre of Design Computing and Cognition, 1999: 93 –101.

[88] TVERSKY BARBARA, PAUL U LEE. How space structures language [M] //CHRISTIAN FRESKA, CHRISTOPHER HABEL, KARL FRIEDRICH WENDER. Spatial cognition: an interdisciplinary approach to representation and processing of spatial knowledge. Berlin: Springer – Verlag, 1998: 157 –178.